Auto-édition, j'écris ton nom

Du même auteur*

Certaines œuvres sont connues sous différents titres.

Romans

Le Roman de la révolution numérique
Ils ne sont pas intervenus (Peut-être un roman autobiographique)
La Faute à Souchon
Quand les familles sans toit sont entrées dans les maisons fermées
Liberté j'ignorais tant de Toi
Viré, viré, viré, même viré du Rmi !

Théâtre

Neuf femmes et la star
Les secrets de maître Pierre, notaire de campagne
Ça magouille aux assurances
Chanteur, écrivain : même cirque
Deux sœurs et un contrôle fiscal
Amour, sud et chansons
Pourquoi est-il venu :
Aventures d'écrivains régionaux
Avant les élections présidentielles
Scènes de campagne, scènes du Quercy
Blaise Pascal serait webmaster
Trois femmes et un Amour
J'avais 25 ans
« Révélations » sur « les apparitions d'Astaffort » Brel Cabrel

Théâtre pour troupes d'enfants

La fille aux 200 doudous
Les filles en profitent
Révélations sur la disparition du père Noël
Le lion l'autruche et le renard,
Mertilou prépare l'été

* extrait du catalogue, voir page 165

Stéphane Ternoise

Auto-édition, j'écris ton nom

http:// www.autoedition.pro

Sortie numérique : 8 juillet 2013

Jean-Luc PETIT Editeur

Stéphane Ternoise
versant
auto-édition :

http://www.auto-edition.com

Tout simplement et logiquement !

Stéphane Ternoise

Auto-édition, j'écris ton nom

J'ai débuté un tweet : auto-édition, j'écris ton nom.
Il s'agissait de promouvoir mon sixième roman, avec un lien vers romancier.org
Une pensée m'a stoppé net : finalement... oui... c'est un titre de livre !...

L'auto-édition, ce n'est pas ce que l'on vous fait croire !
L'auto-édition ne se résume pas à balancer un livre numérique sur une plateforme aussi puissante et renommée soit-elle.
L'auto-édition ne se résume pas aux médiocres exclus du noble chemin que constituerait la signature chez un vénérable éditeur de préférence parisien et chapeauté par un homme installé dans les grandes fortunes du pays.
L'auto-édition, ce n'est pas la troisième division de l'édition : ce n'est pas une manière de se faire remarquer des Gallimard, Lagardère et confrères pour devenir un de leurs poulains (une de leurs vaches à lait). L'auto-édition réelle nécessite un statut légal.

En 1998, je publiais "*liberté, j'ignorais tant de Toi*", premier roman, ès auteur-éditeur, une profession libérale, travailleur indépendant... Le 18 juin 2013 est sorti le sixième, "*le roman de la révolution numérique*".

L'auto-édition existait déjà en papier ! Mais les puissants sont parvenus à contrôler l'indispensable réseau de distribution et les 25 000 points de vente furent et restent des espaces réservés aux industriels (sauf rares exceptions insuffisantes pour permettre à l'indépendant d'être visible, insuffisantes pour justifier un subventionnement public au nom de la diversité éditoriale).

Le « *lieu de vente unique* », comme l'aurait voulu l'éditeur d'Aurélie Filippetti, n'est qu'un lieu de vente inique, un moyen de contrôler l'édition.

Le champ du possible s'est ouvert avec le numérique pour l'auto-édition, donc pour les écrivains.

L'auto-édition, c'est la possibilité de la liberté pour l'écrivain, contre laquelle les industriels naturellement se battent. Ils tiennent à maintenir les auteurs dans leurs entreprises. Ils en vivent, de ce commerce. L'éditeur ne fait pas la littérature mais du commerce. Et ces gens-là tiennent les auteurs grâce à leur pouvoir médiatique et financier (avec même en plus les bourses de l'argent public). Écrire sur la liberté, oui. La mettre en pratique, non !

Un puissant lobby contre les écrivains. Un lobby qui a su s'allier les politiques en les éditant.

"*Auto-édition, j'écris ton nom*", figurait déjà dans mon vocabulaire avant l'an 2000.

J'ai ainsi créé http://www.auto-edition.com quand nul sur internet ne se souciait de cette activité marginale.

Je ne vais pas vous raconter ma vie.

Je ne vais pas vous exposer des bons plans pour devenir riches, vendre des mauvais livres ou en fabriquer en trois jours et sept heures.

Des confidences, analyses, explications, digressions, indiscrétions, perspectives. Qui vous permettront de regarder l'édition autrement...

Stéphane Ternoise,
http://www.lotois.fr
Indépendant par convictions depuis 1991, donc (malheureusement ; perte de temps) en lutte contre les politiques au service des oligarchies.

Lotois depuis 1996 par choix, donc (malheureusement ; perte de temps) en lutte contre les élus PS-PRG, les clans, le clientélisme (notion défendue, redéfinie, par M. Martin Malvy)

Visage de Cahors
Poutre extérieure

Il faut bien semer, même après une mauvaise moisson

Chaque soir, je relis du Sénèque. Une traduction en français des textes en latin qui nous sont parvenus. Donc malgré les soucis financiers, je vais bien ! De petites satisfactions tombent parfois. Début juillet, à Loches sur Ource, Aube, en Champagne, *les colporteurs* ont joué « *neuf femmes et la star.* » Représentations gratuites, donc droits d'auteur forfaitaires, symboliques. Être joué légalement, après demande d'autorisation, est rare. Le plus souvent, seule la découverte d'un article me permet d'obtenir un peu d'argent. Exemple le plus fréquent : « *la fille aux 200 doudous* », pièce pour enfants, régulièrement utilisée dans les écoles, et désormais traduite en anglais et allemand. Depuis en Espagnol (2013) et Italien (2014)
De « vieux » ebooks se vendent parfois. Un livre visible est un livre qui se vend. Le problème est bien d'obtenir de la visibilité... Comme dans le livre papier... Quatre achetés, deux offerts, offre ebooks.ws. Si la France entière connaissait ce « bon plan », paypal m'informerait régulièrement de l'arrivée d'une dizaine à quinzaine d'euros, et mes soucis s'envoleraient. Je vis de peu. J'ai toujours vécu de peu. Même quand les sites Internet m'ont permis de dépasser le « seuil de pauvreté. »
« *Vivre autrement* » recèle quelques bijoux, qui pourraient passer en radio.
Romans, essais, théâtre, photos, chanson... j'en fais

trop ? Je devrais me "spécialiser" ? Le conseil m'arrive parfois. Pourtant la question du choix me semble incongrue. Comment me forcer à écrire du théâtre devant quelques gouttes de pluie sur une tulipe ? Comment transformer en roman quelques phrases dont la musicalité s'impose en moi ? Pourquoi vouloir faire des chansons si des personnages tissent leurs liens romanesques dans ma tête ?

Il suffit d'une clé à ces bonnes portes, pour tenir. Ça devrait être simple et pourtant c'est terriblement compliqué ! Mon obstination finira par être remarquée ? Oui, il faut être remarqué pour être lu ! Pour l'instant, elle lasse... mes concurrents. Il suffit de gratter "un peu" pour découvrir des "apprentis auteurs" derrière des blogueurs, facebookers, twitteurs, mécontents de mes « autopromos. »

« Il faut bien semer, même après une mauvaise moisson » écrit Sénèque dans sa quatre-vingt-unième lettre à Lucilius.

La force de l'indépendance : sa spécificité permet d'entrevoir une petite lumière ; à l'échec du jour peut succéder « de bons résultats. » Là où les industriels condamnent définitivement un livre ou un CD, l'indépendant a toute sa vie pour promouvoir ses créations. Vous n'en avez pas voulu cette année, je le remets dans ma guitare et vous le replacerai dans quelques mois ou années. C'est une des raisons de l'empressement des éditeurs traditionnels (ces gens-là ne sont pas stupides, c'est simplement qu'ils ont d'autres intérêts que ceux des écrivains) à obtenir les droits numériques des œuvres d'avant l'an 2000, ces bouquins sans rentabilité en papier, donc délaissés mais qui pourraient générer un peu de monnaie... et surtout un goût de l'indépendance chez les écrivains. Si Jack-Alain Léger comprenait cette chance historique du numérique, il cesserait sûrement de maudire les éditeurs tout en quémandant des contrats d'édition (mais lira-t-il « *alertez Jack-Alain Léger !* » ?) Depuis, il s'est suicidé...

Me lancer dans un hymne à l'auto-édition alors que le sixième roman reste invisible, donc n'intéresse personne ! Certains iraient s'asseoir dans un bar, essayant de s'y faire offrir des verres qu'ils ne peuvent plus se payer (ou « *il nous reste l'ardoise, Jef* »), et je prends des notes, me force à une mise au propre sur ordinateur, dans un fichier intitulé « auto-édition j écris ton nom.doc » Un ordinateur portable (cinquante euros sur priceminister !) me permet de travailler dehors, en regardant tomber la pluie, au « bureau d'été », une dépendance naguère inaccessible, remplie des pierres effondrées du mur élevé contre la terre au dix-huitième ou dix-neuvième siècle.

Kader Terns avait raison dès son premier message : « Tu sais écrire mais tu ne sais pas te vendre. » Il cherchait le nègre de ses mémoires, après le méga à-valoir versé par Amazon. Enfin, c'est ce que je croyais...

« Souvent ce qu'avait fait perdre l'opiniâtre stérilité d'un terroir ingrat, une seule année d'abondance l'a rendu »

continuait Sénèque dans la traduction par Paul Veyre, professeur au collège de France... Un style plus sobre conviendrait sûrement... mais j'ignore le latin et plonger dans plusieurs traductions pour y puiser la quintessence à chaque phase me semble impossible dans cette vie. Bref, cette phrase bancale pourrait s'adapter au créateur en 2013. L'opiniâtre stérilité d'un terroir ingrat représentant naturellement le marché du livre... Quel livre me permettra d'obtenir une visibilité indispensable et suffisante ?

Vénérable : Vén(ér)a(b)le

Depuis quelques années j'emploie "vén(ér)a(b)le institution" au sujet de ma société d'auteurs de chansons. Sans même choquer ! J'avais débuté dans la chronique (refusée par *le Monde* et autres médias influents) « *sacem : ils soutiennent logiquement les industriels*"» : « depuis des décennies, le conseil d'administration limitait au maximum l'accès au statut de sociétaire professionnel (en exigeant des revenus quasiment impossibles à atteindre sans travailler pour les majors), permettant à un petit groupe inféodé aux majors de diriger sans opposition notre vén(ér)a(b)le institution.»

J'ai hésité dans l'introduction « *l'édition chez un vénérable éditeur.*» Le "jeu de mot" me semblait nécessaire et en même temps, ces premières phrases, destinées à être diffusées sur les plateformes numériques, risquaient de générer des incompréhensions... des robots ! Vén(ér)a(b)le bloque la reconnaissance textuelle ! Ce n'est pas du français ! Qui plus est, contrairement à "institution", "éditeur" est masculin donc il aurait également fallu une parenthèse au "e" final. vén(ér)a(b)l(e) oui, ça fait trop ! Cette question d'accord a fini par me convaincre d'enchaîner sur une petite note, que voici.

Mes livres en payent le prix, de cette indépendance...

Une vue à court terme m'aurait convaincu de me soumettre à l'édition traditionnelle... si la liberté était un mot vide... À moins qu'ils pratiquent d'autres raisonnements, vous pouvez oser une conclusion au sujet de mes collègues enracinés dans les grandes maisons...

Rien. Ou si peu. Et ce n'est nullement lié aux romans mais à leur "lancement." « *Tout dépend de la maison d'édition dans laquelle vous êtes édité, et du travail fait en amont par les attachés de presse auprès des journalistes et des jurés littéraires.* » (Alain Beuve-Méry)
Un jour, il y aura un déclic ! Un jour cette indépendance sera mise en valeur... quand je serai parvenu à être suffisamment voyant qu'ils ne pourront plus faire semblant de ne pas me voir. Car nos grands journalistes, même sans attachée de presse, je parviens à leur faire entrer "Stéphane Ternoise" dans la tête. Le journaliste se doit de posséder une excellente mémoire des noms ! Alors, ils "se souviendront" ! Mais cette visibilité, pour l'instant, doit passer dans leur dos. Je représente, fondamentalement, un autre système que celui qui les fait vivre.
Que serait la presse française sans le soutien de l'argent public ? L'accord obtenu par le Président Hollande avec Google scelle bien cette connivence. Jusqu'à la caricature de la *Dépêche du Midi*, propriété

du patron du PRG, Jean-Michel Baylet, allié national, naturellement régional (Martin Malvy) et départemental (partout où cette *Dépêche* est présente, le PRG existe vraiment... étonnant, non ?)
Je continue néanmoins un "travail de fond" (sauf naturellement avec des organes comme celui de Midi-Pyrénées).
Avec de nombreux comptes twitter (ce que me reprochent parfois des bons ânes, oups, pardon, des bonnes âmes, militants d'une twittétiquette où il conviendrait de respecter la hiérarchie sociale... même si ces gens-là ne comprennent pas la portée de leur position, prétendent agir pour le bien du réseau sans comprendre qu'il confortent ainsi la domination des puissants...) il m'arrive d'obtenir des réponses à des interpellations.
Ainsi via @editeurpro, le 17 juin, à 12 heures 01, au petit fils du fondateur du monde :

@BeuveMeryAlain La France reste un pays où les journalistes s'intéressent aux romans des éditeurs amis http://www.romancier.org/roman2013.html
Réponse à 15 heures 42 :
@editeurpro c'est vrai. Mais quand le film est bien. On fait quoi

Donc : mes amis sont tellement merveilleux, normal que je parle d'eux !

Le message de relance du 19 juin à 15 heures 11 est pour l'instant resté sans réponse...

@BeuveMeryAlain Mais à trop vous intéresser aux amis, vous n'avez plus le temps de regarder ailleurs! Comme expliqué
http://www.romancier.info/romancier6.html

@BeuveMeryAlain se présente "*Journaliste au Monde, chargé de l'économie de la culture. Président de la société des rédacteurs du Monde (SRM) pour un an. (depuis juin)*"

Le 26 Juin il fut également interpellé par Thomas Wieder @ThomasWieder : « *Félicitations à l'ami @BeuveMeryAlain, réélu président de la Société des rédacteurs du Monde.* »

La réponse fut très rapide, 23 minutes plus tard, à 12 heures 37 : « *@ThomasWieder merci Thomas, je viens effectivement d'etre réélu président de la société des redacteurs du Monde. Maintenant ne pas décevoir.* »

Thomas Wieder se présente : « *Journaliste au service politique du Monde. Je couvre l'Elysée, Matignon et le gouvernement avec David Revault d'Allonnes, ainsi que les études d'opinion.* »

Avec Josyane Savigneau, des messages furent échangés mais toujours pas une ligne dans *le Monde* au sujet de mes écrits.

Ce n'est pas un problème de qualité. Sans même ironiser sur l'inclassable talent de l'icône Angot Christine, des lecteurs attentifs pourraient répertorier un paquet de chroniqués dont les écrits n'écrasent nullement les miens. Mais ces modestes auteurs ont accepté la règle du jeu, la nécessité de concourir (et goncourir) dans de grandes écuries...

Je suis un écrivain invisible… même si certains « collègues » s'énervent parfois de ma trop grande visibilité via de nombreux sites et de multiples pseudos qui ne cherchent pas forcément à masquer le nom de l'auteur réel.

Le Monde, Libération, Le Nouvel Obs, Marianne, Le Point, l'Express et les autres me sont à ce jour fermés. Pourtant, j'ai l'impression que le nom Stéphane Ternoise est bien entré dans la tête de nombreux journalistes de ces mastodontes médiatiques. Il suffira d'un déclic et ces plumes acérées rattraperont leurs années de silences par un excès. Cet événement, je ne suis pas certain de pouvoir le savourer. Je tiens trop à cette liberté pour titiller le destin. Si naturellement je multiplie les provocations, je ne suis pas prêt à me compromettre.

De belles âmes accusent ces provocations dont la quête du buzz leur semble évidente (mais peuvent-ils comprendre qu'il s'agit également d'autre chose ?). Ces concitoyens préfèrent ne pas s'interroger sur les compromissions nécessaires à la médiatisation actuelle…

J'ai débuté un tweet : auto-édition, j'écris ton nom.
Il s'agissait de promouvoir mon sixième roman, avec un lien vers romancier.org
Une pensée m'a stoppé net : quel beau titre de livre !
Comme toujours dans ce cas fréquent, j'ouvrais google pour vérifier l'expression.
« *Aucun résultat trouvé pour "auto-édition j'écris ton nom".*
Résultats pour auto-édition jécris ton nom (sans guillemets) »
Même réponse en retirant le tiret. Surprenant, alors que je me souviens avoir déjà eu cette idée en tête, avant ma première connexion à internet (il s'agit donc d'une réminiscence ?)
J'aurais pu écrire un poème, ou une chanson, sous ce titre.
Mais je savais qu'il s'agirait d'un livre.
Ni un guide ni un pamphlet, pas plus un manifeste.
Un livre où s'exprimerait cette liberté permise par l'auto-édition, depuis les possibilités du numérique.
En 1991, l'auto-édition constituait déjà une démarche de liberté.
Mais les industriels avaient organisé la France pour qu'un écrivain libre soit invisible.
J'ai peu gagné en visibilité pourraient ricaner ceux qui ne me voient même pas dans le top 100 d'Amazon Kindle. C'est qu'ils ignorent, ou ont oublié, la route de l'auto-édition.

Les industriels dominent toujours la France : une oligarchie également dans le monde du livre.

Un vrai vent de liberté va souffler sur la France ?...

Ce n'est pas la liberté que recherchent la majorité des auteurs en auto-édition : combien refuseraient de signer chez "un éditeur classique" ? Oui, l'auto-édition reste le domaine où s'agglutinent des recalés de l'édition classique, disposés "à tout" pour "être édités" par "les grandes maisons", même à des droits d'auteur infimes !... Les "auteurs" d'aujourd'hui n'ont pas vraiment évolué. Pour un peu des paillettes et de médias des installés, ils courraient à Paris. Ou à Toulouse s'ils vivent dans notre capitale polluée. Il existait des exceptions en 1991, on pourrait sûrement en répertorier un peu plus aujourd'hui. Mais nous sommes une minorité. C'est celle-là, lectrices, lecteurs, qui doit vous intéresser. Séparez le bon grain des livres à vomir.

Contrôler les moyens de diffusion (les diffuseurs distributeurs) et de promotions (les médias) permet de mettre sur le marché uniquement des produits conformes à ses objectifs. Naturellement, les éditeurs ont leurs « opposants au système » : Jean-Marie Messier pouvait ironiser en rappelant à José Bové qu'il travaillait pour lui ! Bové auteur Vivendi... Vous voyez bien qu'un autre monde est impossible dans l'édition puisque que même le chantre de l'anticapitalisme se lie au mastodonte. Conglomérat depuis, en grande partie, dans les limites des lois anti-trust, passé chez Lagardère, qui sait rester discret. Comme les qataries, son premier actionnaire, à 12%.

Cinq distributeurs, en fait quatre...

Pour alimenter 25 000 points de vente, rien que la logistique et les frais de transport nécessitent une mise de départ dont ne dispose naturellement pas l'auteur-éditeur.

Se limiter aux grandes enseignes, qui fonctionnent avec une centrale d'achats, permettrait une percée significative mais ces structures répondent à l'auteur-éditeur de passer par un distributeur référencé... Cercle vicieux où seuls les installés peuvent commercer...

Une note d'analyse officielle gouvernementale, de mars 2012, résumait : « *Alors que dans les autres pays comparables l'éditeur et le distributeur sont deux acteurs bien distincts, les principales maisons d'édition françaises ont développé leur propre circuit de distribution, à l'exemple de la Sodis appartenant à Gallimard ou de Volumen dans le cas du groupe La Martinière. En contrôlant le processus de distribution, les éditeurs français se sont donnés les moyens de dégager des marges plus importantes qu'avec leur seule activité éditoriale.*

L'intégration de la distribution reste aujourd'hui encore l'une des principales sources de la bonne santé économique des éditeurs français (...)

Avec la transmission directe d'un texte depuis une plate-forme de téléchargement vers une tablette ou une liseuse, l'impression et la distribution du livre ne sont plus nécessaires. Or c'est cette dernière étape de la chaîne du livre qui est aujourd'hui la source majeure de rémunération pour l'éditeur. »

On peut simplement s'étonner des exemples : exit les deux premiers distributeurs, ceux des groupes Hachette et Editis, les leaders de l'édition. Mais naturellement, dans une note officielle, la mise en valeur de Gallimard et La Martinière doit sembler préférable. Cinq distributeurs se partagent plus de 90% du marché : Hachette Distribution, Interforum (Editis), Sodis (Gallimard), Volumen (Seuil-La Martinière), Union Distribution (Flammarion). En rachetant Flammarion, Gallimard est devenu un poids lourd de l'édition française, le troisième groupe. Il a aussi acquis un distributeur et le rapprochement Sodis - UD semblerait logique.

Le pouvoir de négociation des fournisseurs extérieurs, les petits éditeurs, est quasi nul face à ces mastodontes.

Jean-Claude Utard, dans le résumé de son cours sur l'édition française à l'Université Paris Ouest Nanterre La Défense, note :

"Un éditeur petit ou moyen est donc contraint de déléguer ce travail [distribution et diffusion] et se retrouve dans une situation où il n'est pas complètement libre de choisir : c'est le distributeur et le diffuseur qui, en fonction des rythmes de parution, des chiffres et du volume des ventes de cet éditeur et de sa complémentarité avec les autres éditeurs de son catalogue, en définitive acceptent de le prendre en compte. Une caution est en général exigée alors par le distributeur et la rémunération du distributeur et du diffuseur consistera en un pourcentage sur les ventes (10 % en moyenne pour la distribution), souvent assorti de la condition d'un chiffre d'affaire minimum (et donc d'une rémunération minimum pour le distributeur et le diffuseur)."

Une caution et un chiffre d'affaire minimum : ainsi la porte est fermée à l'auteur-éditeur, discrètement, sans nécessité de préciser « réservé aux éditeurs adhérents du SNE. » **Il suffit d'imposer des contraintes économiques pour exclure, inutile de censurer.**

Avant le numérique, c'était simple : un livre sans distribution est un livre invisible, invisible également pour les médias. Donc il suffit de tenir la distribution pour tenir les écrivains. L'auto-édition ne pouvait vivre que localement, au point que « le roman du terroir » semblait parfois le seul qui puisse barboter dans ces eaux polluées.

Les portes de la distribution sont, en partie, défoncées par le numérique. Mais les médias restent de marbre. Et grâce aux aides de l'Etat, le livre en papier continue à très bien se porter.

Quelques jours avant sa mort, Jean-Marc Roberts fut profondément touché, blessé.

Le 8 mars 2013, soit 17 jours avant son dernier souffle, *Libération* publiait ce qui semble avoir été sa dernière "grande interview."

Depuis longtemps déjà, il présentait au public son cancer. Je l'ignorais donc, ne suivant que ses déclarations sur l'édition...

Qui parmi ses proches lui a conseillé de lutter contre sa maladie plutôt que de lancer une "mise en perspective" des relations d'une journaliste avec le DSK d'après le Sofitel ?

« *De son canapé rouge, Jean-Marc Roberts dirige comme personne les éditions Stock, et plus attentivement encore la célèbre collection Bleue où vient de paraître* Belle et Bête, *de Marcela Iacub.* » explique Sylvain Bourmeau.

« *- Vous dites dans ce nouveau livre que votre culture est beaucoup plus grande en variétés qu'en littérature du XXe siècle.*

- Pourquoi ne pas le dire ? Quand j'étais petit, ma grand-mère me répétait : «Tu sais, notre problème, c'est qu'on marque mal.» Je n'ai jamais oublié cette phrase «on marque mal». Qui pourrait dire cela aujourd'hui dans notre petit monde des livres ? On est très peu. Bien sûr, il y a les origines, la classe sociale, mais ce n'est pas tout. Il y a aussi : comment faire oublier qu'on n'est pas si bon que ça ? Je ne suis ni un éditeur important ni un romancier important. Il a fallu faire avec, faire faute de

mieux, il a fallu apprendre à glisser, et la musique de variétés m'a beaucoup aidé à glisser. »

Les origines, la classe sociale, comment faire oublier qu'on n'est pas si bon que ça ? Aurélie F a-t-elle lu ce "testament" ?

« - Auteur très jeune, vous êtes donc devenu éditeur dans la foulée. Comment avez-vous articulé ces deux rôles ?

- Je pense que l'éditeur a fini par l'emporter sur l'auteur. En même temps, le plus important pour moi, c'est l'auteur bien sûr. Mais peut-être est-ce comme dans mes livres, et celui-là n'échappe pas à la règle que je me suis donnée : j'essaye de ne pas m'appesantir sur ce qui est le plus important.

- L'éditeur a fini par emporter quoi ?

- La volonté. La volonté d'être le meilleur éditeur possible. Alors même que je ne connais rien. J'adore exagérer, c'est ce que je préfère, mais pourtant là, c'est la stricte vérité : je ne connais pas grand-chose. Mes vrais amis le savent. Et encore une fois, je ne me vante pas d'être inculte, mais un homme inculte qui, finalement, réussit, pendant quarante ans, à énerver tout le monde avec les livres qu'il publie - que les gens les aiment ou pas, qu'ils soient choqués ou pas -, et surtout qui se bat pour imposer des livres et des auteurs que les gens n'aiment pas, pour imposer une tendance, c'est extraordinaire. Ne pas disparaître, ce n'est pas mal dès lors comme mode de vie pour un éditeur... Rien à voir avec trop tôt ou trop tard, ce n'est pas une question de date. En fait, je dois avouer que j'aime bien énerver les autres, et ne pas disparaître. Parfois, ça les énerve. Et ça, ça m'amuse beaucoup. »

La collection Bleue, c'est donc la sienne, sans comité de lecture, où il édita Christine Angot, Nina Bouraoui... et deux livres d'Aurélie Filippetti (2003 et 2006... nous sommes en 2013 !)

« - Il y a Stock, et à l'intérieur, il y a la Bleue, votre collection...
- La Bleue a commencé chez Fayard. Pour faire de la littérature chez Fayard, il fallait inventer quelque chose. Et un jour, alors qu'un maquettiste se promenait avec un carton à dessins sous le bras, je l'ai pointé du doigt : «Voilà, cette couleur ! On va faire une couverture bleue comme ça !» On m'a dit que ce n'était pas une couleur pour la littérature, les gens savent tous ce qui convient et ce qui ne convient pas à la littérature, vous remarquerez ? Claude Durand n'était pas tellement pour non plus, mais il m'a fait confiance. Il n'y en a pas tant qui font confiance. (...)
Soit je laisse carte blanche sur tout, soit c'est moi qui décide entièrement, et c'est bien pour cela que je peux assumer seul mes erreurs. Bien sûr qu'il y en a eu, mais je préfère les gens qui font des conneries à ceux qui n'en font pas. Les erreurs, c'est la vie... »

Je ne vais quand même pas tout recopier... De la réponse suivante je retiens donc simplement *« En même temps, j'ai publié des choses pour lesquelles on m'a dit : "Tu étais bourré quand tu as pris ça ?" et j'ai continué à beaucoup les aimer, même si j'étais le seul. »* Car la prochaine réponse, je ne peux rien couper... juste apporter des commentaires entre crochets.

« - *Vous disiez que vous regrettiez l'évolution spectaculaire de l'édition. Certains vous objecteront que vous participez de cela, qu'avec la publication de Belle et Bête, vous vous vautrez dans une époque abjecte. C'est bien ce discours qu'on entend depuis quelques jours ?*
- En effet, j'ai tout entendu et j'ai tout lu. [Pauvre homme ! Au lieu de se "mettre au vert", lutter contre la maladie, il a a laissé entrer en lui les déceptions, contrariétés, colères. Il écoutait, lisait, ce peu jeu des indignations] *Dans le Monde, des éditeurs, libraires, attachés de presse, auteurs rédigent et signent des pétitions parce qu'une maison comme* Stock, *qui a édité Zweig* [Il aurait pu ajouter, en souriant, "et Aurélie la magnifique"], *s'abaisse à publier ce livre infâme... Et le misérable, c'est moi. Et puis il y a ces auteurs, certains parmi mes auteurs, qui s'indignent parce qu'ils partagent la même couverture bleue que Marcela Iacub...*
Alors, je me suis demandé, et ça, ça m'a légèrement troublé : combien de signataires de droite et combien de gauche pour ce truc ? Et force est de constater qu'ils sont tous à gauche. C'est tout de même pénible. Mais évidemment, ils appartiennent à cette gauche qui, elle, a choisi le bon côté du flingue, à cette gauche des nantis qui tient les médias et l'édition. [Si je pose la question : qui a écrit "*cette gauche des nantis qui tient les médias et l'édition*" sur Twitter, qui répondra, réagira... ce sera fait...] *A cette gauche qui prétend savoir ce que c'est que la littérature, puisque la littérature, c'est forcément elle ! Des gardiens du temple, d'un mausolée... Ils me prennent pour un infiltré, ils n'ont pas tort, et ça, ça les rend dingues. Si j'ai adoré travailler avec Marcela Iacub, c'est*

parce qu'elle est tout le contraire. C'est quelqu'un qui n'affirme pas, qui adore changer d'avis, elle est en mouvement, comme tous les gens intéressants. Je lui ai dit : «Je ne veux pas la théoricienne», et elle a accepté. Elle a accompli un travail considérable. Elle a réussi un livre merveilleux, un grand roman fantastique, kafkaïen. Si on avait voulu faire un livre scandaleux et indigne, ce n'était pas compliqué, mais ça ne l'intéressait pas d'en écrire un, ni moi de le publier.

Certains de ces hommes et femmes parlent de complot, de machination, j'entends cela en permanence. C'est amusant comme cet argument, «la théorie du complot», revient dès qu'on ne comprend pas, dès que quelque chose, une œuvre d'art par exemple, nous dépasse. Tellement de bêtises... Et puis un homme de gauche ne cherche pas à faire interdire un livre, ce n'est pas vrai.

Mais ce n'est pas grave, c'est très bien même, et très drôle, tout ce bruit. Et tant pis, je mourrai quand même à gauche. Quand ? J'espère ne pas le savoir. Mais à gauche, parce que je marque mal.»

Voilà, il fallait resituer dans son contexte. Dans *Libération* du 8 mars 2003 c'est de Jean-Marc Roberts, l'éditeur d'Aurélie Filippetti, le « *Cette gauche des nantis qui tient les médias et l'édition. Cette gauche qui prétend savoir ce que c'est que la littérature, puisque la littérature, c'est forcément elle ! Des gardiens du temple, d'un mausolée...* »

Je n'ai pas lu "*François-Marie*" de Jean-Marc Roberts, publié le 6 mai 2011 chez Gallimard (10 euros pour 96 pages).

Ce plaidoyer pour François-Marie Banier (durant le "*volet Banier*" de l'affaire Bettencourt), Jérôme Garcin l'a raconté dans "son" *Nouvel obs*, du 28 avril 2011.

« *A 57 ans, le PDG des Editions Stock, auteur d'une vingtaine de romans, dont «Affaires étrangères», prix Renaudot 1979, membre influent de la société littéraire, avoue pour la première fois son goût pour les voyous, sa propension à s'encanailler, sa phobie de la respectabilité. Il aura fallu cet éloge d'un paria dont il jalouse la démesure, le panache, l'imagination, peut-être même les forfaits, pour qu'il montre son vrai visage. Un visage parfois grimaçant. Ici, par exemple, il ironise volontiers sur les femmes qu'il a épousées, dont il a divorcé; il n'est pas très fier de la manière dont, chaque automne, il magouille pour que ses auteurs obtiennent des prix; il juge d'ailleurs que le milieu littéraire s'aigrit et se momifie; il malmène, une fois encore, ses propres livres, des «petits romans de saison», selon Banier; il écrit soudain qu'il a appris à se «sucer seul» (!); bref, il ne s'aime décidément pas.* »

C'est ainsi que Jérôme Garcin a résumé l'éditeur d'Aurélie Filippetti, un patron d'une maison Lagardère, avec « *il n'est pas très fier de la manière dont, chaque automne, il magouille pour que ses auteurs obtiennent des prix; il juge d'ailleurs que le milieu littéraire s'aigrit et se momifie.* » Propos sans exigence de droit de réponse, et qui semblent plausibles. Pourtant Aurélie Filippetti peut blablater son grand cirque de la jeune femme qui se prétend écrivain...

31

Jean-Marc Roberts en est-il mort, de ce grand écart entre sa vérité profonde et la comédie dans laquelle il s'obligea à vivre ? Aurélie Filippetti n'a pas abordé le sujet dans ses grandes belles et émouvantes condoléances de ministre à son éditeur, elle n'a sûrement même pas compris combien il y avait d'aveu de potentiel conflit d'intérêts dans ses phrases officielles. C'est pour ce milieu-là qu'elle travaille également, ce qui a fini par détruire son cher ami et néanmoins éditeur. Qu'a-t-elle compris de son tiraillement intérieur ? Que cherche-t-elle à comprendre ? À faire carrière ?

Le 25 mars 2013, Aurélie Filippetti s'exprima logiquement dans un communiqué, ès ministre de la Culture et de la Communication, rendant hommage au patron d'une maison du groupe Hachette. Mais le mélange vie privée, vie professionnelle et fonction politique me semble mettre en lumière un conflit d'intérêts. « *C'est avec une très grande peine que j'ai appris le décès de Jean-Marc Roberts, mon éditeur, mon ami.*
Je voudrais dire mon éternelle gratitude pour celui qui m'a entourée de ses conseils avisés et de ses encouragements incessants, pour me donner la force et la confiance d'écrire, celui qui, depuis dix ans maintenant, était devenu mon ami.
Je voudrais rendre hommage à cet homme qui aimait si passionnément les livres qu'il consacrait autant d'énergie et de talent à les écrire et à les éditer et servait avec la même passion les livres des autres et les siens. S'il était un

éditeur remarquable, fidèle, attentif, généreux, toujours si disponible, c'est parce qu'il était lui-même un très grand écrivain... »

S'il avait été un grand écrivain, il n'aurait pas perdu son temps à lancer des gens comme vous, madame ! Vous troisième roman, il l'a refusé, ou vous avez eu la lucidité de ne jamais le lui présenter, ou même de ne pas l'écrire, préférant "faire carrière" ? C'est difficile d'être écrivain, trôner Rue de Valois constitue donc une petite revanche, ces grands éditeurs devant vous ?... Mais face aux écrivains, vous pouvez user de vos subventions, vous n'êtes pas de cette famille...

Oui « *cette gauche des nantis qui tient les médias et l'édition. A cette gauche qui prétend savoir ce que c'est que la littérature, puisque la littérature, c'est forcément elle ! Des gardiens du temple, d'un mausolée... »* Oui, de l'éditeur d'Aurélie Filippetti, Jean-Marc Roberts, quelques jours avant sa disparition. Grand écart ? Aurélie Filippetti personnifie bien cette gauche, non ?

On peut sourire quand elle explique l'édition : « *L'éditeur a un rôle éminent dans le processus de création. C'est une question passionnante. Et sans entrer dans un débat philosophique sur le processus de création, quand on écrit, chez soi, on a besoin d'avoir le regard d'un éditeur, pour venir sanctionner, dans le bon sens du terme. C'est-à-dire, donner le jugement d'un professionnel, sur le texte que l'on est en train de rédiger.*

Et sans cela, même si on se publie soi-même, et que l'on peut toucher un public au travers des réseaux, on n'a pas cette reconnaissance de se sentir écrivain. L'écrivain ne naît qu'au travers du regard de l'éditeur. Et moi je l'ai ressenti en tant qu'auteur : j'aurais pu écrire le même livre que celui que j'ai rédigé, si je n'avais pas eu Jean-Marc Roberts, le résultat n'aurait pas été le même. » (28 juin 2012 à la grande réunion du Syndicat des éditeurs, questionnée par Nicolas Gary). « *L'écrivain ne naît qu'au travers du regard de l'éditeur* », on croirait lire une dinde en campagne pour la présidence du SNE. Mais il s'agit de propos de notre ministre !

Quel fut le rôle de Jean-Marc Roberts dans le produit fini ? Dans le "processus de création" de son très mauvais premier roman ?

Jean-Marc Roberts était l'un des rares éditeurs dont je suivais les interviews. Le 18 août 2009, sur *France-Inter*, il avait dégainé une théorie sur l'ebook : « *juste bon pour les SDF.* » Forcément ! Quand on réussit sa vie, on a une Rolex et une pièce suffisante pour stocker l'ensemble de ses livres, on peut même les acheter à plus de vingt euros... il ne faut surtout pas imaginer que la même oeuvre puisse se vendre quatre fois moins chère avec le même revenu pour l'auteur !

Le 17 août 2011, cette fois presque chez lui, chez ses collègues d'*Europe 1* (du groupe Lagardère), au micro de Benjamin Petrover, ce fut d'abord une banale attaque contre « *ces petites machines que l'on voit partout que l'on appelle ordinateurs.* » Mais le meilleur allait suivre : « *Je vous avoue mon inquiétude. Je ne suis pas d'habitude très pessimiste, je suis plutôt "allez on y va, on positive, etc."*, mais là, la première chose qu'il faut dire, c'est que certains libraires indépendants - les petits, les moyens, les grands aussi, sont en danger de mort. On peut publier autant de livres que l'on veut, si les gens ne retournent pas en librairie...*» Comme on le sait, chez Hachette, on a toujours soutenu les petites librairies qui vous vendent des livres ardus comme les édite le Groupe... Et pour une suite logique à la loi Lang sur le prix unique, il invitait à se « *battre pour un lieu unique.* » Une loi pour obtenir un monopole de la vente du livre : « *le lieu unique c'est la librairie, c'est pas la vente en ligne. La vente en ligne, moi je crois que c'est ça qui va peu à peu détourner le vrai lecteur de son libraire, et donc de la littérature.* » Qui passe encore chez un libraire, où le plus souvent il faudrait revenir car le livre désiré doit être commandé ? Mais ne sera pas envoyé au modeste acheteur !

Ce combat s'inscrirait dans l'Histoire : « *Il y a trente ans, Jérôme Lindon s'est battu pour le prix unique. Aujourd'hui je pense qu'il faut se battre pour le lieu unique.* » Prix unique, lieu unique, éditeur unique ? Car enfin, toutes les maisons d'édition pourraient se regrouper sous l'enseigne Lagardère ? Est-ce que l'ancien directeur des *Éditions de Minuit*, se retourne dans sa tombe d'une telle récupération ?

La librairie, le lieu unique ? Le lieu inique où seuls sont disponibles les livres des inféodés aux grands distributeurs. Censure en douceur.

Il faudrait également interdire les ordinateurs, peut-être, car enfin : « *le temps de cerveau disponible est beaucoup moins important, et malheureusement que ce soit pour les radios, pour les éditeurs, pour les libraires, je pense qu'il y a tout un temps consacré à aller sur un blog, choper une info, un scoop, une rumeur qu'on n'a pas... les gens passent deux à trois heures quotidiennes de leur vie à faire ça et pendant ce temps-là ils ne lisent pas.* »

Dans la galaxie Lagardère, Jean-Marc Roberts préparait les esprits à la grande tirade de Cyrano de Bergerac de Beigbeder contre l'ebook ?

On aurait pu croire qu'il s'agissait-il d'une sortie 100% Jean-Marc Roberts ? Car finalement, ces propos possédaient une certaine cohérence avec ceux de décembre 1998, retrouvés sur de vieilles notes (eh oui, avant Internet, il était utile de prendre des notes... cet article n'est pas en ligne, il fut publié le 17, dans le numéro 737 de *l'évènement du Jeudi*) : « *l'un des problèmes du système de l'édition, c'est la rotation des stocks. Un auteur travaille pendant des années un texte dont le sort va se jouer en deux semaines (...) Personne n'ose le dire, mais je vais vous le dire : il n'y a pas trop de livres, il y a trop d'éditeurs... ce sont en plus des maisons où les gens sont mal payés, les auteurs mal distribués... Le pire, c'est que les éditeurs qui ont pignon sur rue se sont mis, du coup, à trop publier dans le but d'occuper l'espace et les tables des libraires ! Plus il y a de petits éditeurs (ou de gros d'ailleurs) qui viennent au monde, plus les grandes maisons se sentent menacées, et plus elles publient !* »

Donc "chez Lagardère" les gens sont bien payés ? Et les auteurs bien distribués ! Bien payés ? Un seul éditeur, un seul endroit où acheter des livres dont les marges sont naturellement imposées par le grand éditeur. Une seule radio (Europe 1 naturellement). Et un seul site internet accessible ! Comme ce serait beau un monde Lagardère. La nuit ?

Mais ces jérémiades doivent naturellement être relativisés avec les "aveux" (d'aucuns n'hésiteraient sûrement pas, en off, à les qualifiés de « désabusés chez un homme condamné »). Jean-Marc Roberts a joué un rôle, il en a retiré une reconnaissance, une importance... mais il cherchait autre chose... ce que nous cherchons sûrement tous dans l'écriture, un sens à notre vie, une sincérité...

Humainement, on peut simplement déplorer que M. Roberts se soit lancé dans ce genre d'aventure forcément source de stress plutôt que de mettre toute son énergie à combattre la maladie. C'est ce message que j'aurais préféré entendre de celle qui l'a si bien connu, un « ami ». J'ai lu avec émotion dans cette interview de Libé « *Je ne suis ni un éditeur important ni un romancier important. Il a fallu faire avec, faire faute de mieux, il a fallu apprendre à glisser... (...) On écrit avant tout pour soi. Et puis il y a des mots comme "revanche".* » Cet homme n'était peut-être pas tant éloigné de moi que j'ai pu le croire... Finalement, autrement, il était également auteur éditeur. Mais pas indépendant. C'est le mot indépendant qui gène dans ce pays.

Nous apprenons à glisser, oui. Naturellement, pour tenir, "quelques compromission" semblent indispensables... Chacun en est là. Alors celui qui ose l'indépendance vous renvoie à vos petites compromissions. Combien de compromissions, madame Aurélie Filippetti ?

Oui, un éditeur labélise un auteur ! Aurélie Filippetti, Christine Angot, Marcela Iacub, même label. C'est le dernier "rempart" contre l'indépendance, cette labellisation par l'éditeur ! Et nous voyons en quoi il consiste... Malvy label Privat. Tapie label Laffont. Et Cahuzac ? Les maisons d'édition doivent bien vivre avec de gros succès et ce n'est pas forcément la qualité qui prime dans ce genre de projets... Aucune pétition d'indignation d'auteurs chez Plon suite à la publication le 27 juin 2013 d'un livre de Bernard Tapie.

L'auto-édition c'est la liberté des sujets.

L'auto-édition c'est la liberté de style.

L'auto-édition c'est la liberté de ton.

L'auto-édition c'est la liberté des dates de publication.

L'auto-édition c'est la liberté de changer de nom (sans en référer à un éditeur).

L'auto-édition c'est la liberté de choisir le prix de vente.

L'auto-édition c'est la liberté d'innover.

L'auto-édition numérique c'est la liberté de toucher à tout (je publie même en livre numérique des jeux de société... ventes dérisoires !)

L'auto-édition numérique c'est la liberté de modifier rapidement (sous 48 heures) le prix de vente sur l'ensemble des plateformes (ou presque ! Les flux demandent encore des rodages, à la Fnac par exemple).

L'auto-édition numérique c'est la possibilité de corriger rapidement un texte.

L'auto-édition numérique c'est la liberté de publier sans exigence de « seuil de rentabilité. »

L'auto-édition numérique c'est la possibilité de régulièrement publier de la poésie.

L'auto-édition numérique c'est la possibilité de régulièrement publier des photos.

L'auto-édition numérique c'est la possibilité d'étendre au monde des sujets locaux.

Pourtant, cette liberté, qui devrait apparaître en

phase avec les valeurs de la République, est combattue par les élus de la République. Aurélie Filippetti, Martin Malvy, Gérard Amigues (état, région, département), mon triptyque des soumis à l'oligarchie.

Un écrivain libre, c'est embêtant, ça peut même se permettre de mettre les femmes et hommes politiques le nez dans leurs incohérences...

Cette liberté n'est possible qu'avec un lectorat permettant d'atteindre un niveau de vie suffisant pour continuer. Ou il faut d'autres revenus ! De nombreuses situations exceptionnelles existent, de la conjointe (ou conjoint) aux héritages... Pourtant les personnes qui en ont les moyens s'auto-éditent rarement, préférant utiliser leur aisance pour obtenir un contrat d'édition, plus "gratifiant". Les petites prisons dorées semblent plus confortables que le tonneau de Diogène !

Le jour où Michel Houellebecq s'auto-éditera... un séisme emportera (presque) le microcosme des installés mais il ne manquera pas de bons serviteurs pour affirmer la décrépitude du lauréat du Prix Goncourt 2011... C'était bien en 2011 ? En tout cas, le lauréat 2012, son nom m'est parvenu mais là, à côté du figuier, sans connexion Internet, mon cerveau s'avoue incapable de le ressortir... Obtenir un prix Goncourt, c'est presque l'assurance de s'installer chez les notables. De nombreux lauréats n'y ont pas survécu, littérairement.

Franchement, son poème, sorti du contexte historique (ce qu'il ne faut pas faire !), m'enthousiasme peu. Euphémisme.

Liberté

Sur mes cahiers d'écolier
Sur mon pupitre et les arbres
Sur le sable de neige
J'écris ton nom

Sur les pages lues
Sur toutes les pages blanches
Pierre sang papier ou cendre
J'écris ton nom

Sur les images dorées
Sur les armes des guerriers
Sur la couronne des rois
J'écris ton nom

(... je m'arrête dans le droit de citation, car Paul Eluard ne figure pas encore chez les auteurs du domaine public... vous voyez comme notre société adore ses créateurs : le droit d'auteur court 75 ans après leur mort... et le premier écrivain qui dénigre cette loi sera accusé de ne pas se soucier du confort de ses petits-enfants, ou d'être stérile... libre de digresser, je vous l'écris : le droit d'auteur 75 après la mort de l'auteur, ce n'est pas du droit d'auteur mais du droit d'éditeur, qui naturellement rétrocédera des miettes aux héritiers... 75 ans, c'est uniquement pour permettre aux multinationales de s'engraisser sur les cadavres. 20 ans serait amplement suffisant, afin que les enfants puissent continuer à défendre l'œuvre... et après, qu'elle soit gratuite... surtout à l'heure du numérique... Corolaire de cette hypocrisie du maintien des droits : la gratuité des versions numériques des classiques sembla ouvertement scandaleuse dans le microcosme du livre, « *il ne faut pas que ces livres deviennent gratuits. On pourrait imaginer une prolongation du paiement du droit d'auteur et que ces revenus reviennent à une sorte de caisse centrale des écrivains.* » (Régis Jauffret, écrivain, lors d'un débat sur le livre numérique organisé par le « *conseil permanent des écrivains* », en mai 2009, ce CPE qui a signé avec le SNE, Syndicat des Editeurs, un accord dans le dos des écrivains, qu'Aurélie F. semble disposée à sanctifier dans le Code de la Propriété Intellectuelle sans même un passage par le parlement... retour au Paul final)

Sur le fruit coupé en deux
Du miroir et de ma chambre
Sur mon lit coquille vide
J'écris ton nom

Sur mon chien gourmand et tendre
Sur ses oreilles dressées
Sur sa patte maladroite
J'écris ton nom

(... Non, coupures encore nécessaires, je n'en vois pas la fin ! Pire qu'une chanson de Léo Ferré.)

Sur l'absence sans désir
Sur la solitude nue
Sur les marches de la mort
J'écris ton nom

Sur la santé revenue
Sur le risque disparu
Sur l'espoir sans souvenir
J'écris ton nom

Et par le pouvoir d'un mot
Je recommence ma vie
Je suis né pour te connaître
Pour te nommer

Liberté.

Paul Eluard
Dans *"Poésies et vérités"*, 1942.

L'auto-édition n'est pas du pulp !

Le « pulp » est arrivé dans le Quercy ! Mais je n'ai pas pu dépasser les quelques paragraphes des auteurs de ce genre. Un livre sans prise de tête, rapide et facile à lire. J'irai cracher sur le pulp ! (ça pourrait être le titre d'une réaction)
Ce « pulp » peut se traduire en manière de se rendre intéressant avec de l'Harlequin plus ou mais trash, tout en jouant le type sympa, fun et bonne bouille.

Le « pulp » se proclame "moderne", qualité suprême, enrichi de vidéos, images et morceaux audio... Comme si la vidéo, l'image et le son enrichissaient leurs niaiseries ! Culture prétendue populaire, et vive le fun. Sûrement des branchés de Fun radio, ce réservoir à bruits (des "collègues" sacem en vivent...) ? Leur pulp serait inattaquable car il proviendrait de la culture américaine ! Comme le Coca-Cola donc, qu'ils doivent préférer à notre vieux vin blanc.
Du pulp ? De la pulpe de littérature alors que le vrai jus est ailleurs ? Un livre qui prend les lecteurs pour des idiots ?

Désaccord sur le sens de l'auto-édition

Dans "un groupe Facebook", intitulé *"Jeunes auteurs / Auto-édités..."*, le 25 mai 2013 à 11:42 je lançais une publicité. Je ne peux pas appeler ce texte un sujet de conversation même s'il s'agissait d'essayer de faire réagir. L'objectif ne fut pas vraiment atteint en audience ! Le 8 juin, les statistiques notent : *"Vu par 60 personnes."*
Information courte : « Qui dit auto-édition dit autodiffusion ?
L'autodiffusion du livre numérique, est-ce une utopie ?
Être diffusé "partout" et EN PLUS offrir une possibilité d'achat direct aux internautes...
Allez-vous suivre l'exemple de http://www.autodiffusion.fr ? »
Cet ebook (devenu également un livre de papier en 2014) peut espérer accorder plus d'audience à la conversation qui s'en suivit.
Ericiel Auteur, 25 mai, 11:43 : « *Non, pas vraiment. Lulu diffuse les livres numériques sur leur catalogue en ligne, ainsi qu'Amazon. Mais cela veut dire surtout auto-promotion !* »
Stéphane Ternoise, péremptoire, en escomptant des réactions, 25 mai, 11:45 : « *Lulu n'est pas de l'auto-édition !* »
Ericiel Auteur, 25 mai, 11:45 : « *Ah ? Pourquoi ?* »
Ericiel Auteur, 25 mai, 11:46 : « *On fait tout nous-même. Pas de correction, mise en page, choix de couverture, tout est fait par nous-même.* »

Stéphane Ternoise, 25 mai, 11:54 : « *Lulu, c'est une plateforme de fabrication de livres en papier à la demande, à un prix très élevé (plutôt imprimer en offset au moins 1000 ou en numérique 200) et pour l'ebook ils diffusent très peu sur les plateformes de ventes... Un auteur en auto-édition peut se servir de Lulu (ce que je déconseille, voir par exemple www.auto-edition.pro) mais Lulu n'est pas de l'auto-édition... Est-ce que ce système permet une professionnalisation ? Et êtes-vous dans la légalité (numéro de SIREN...) ?* »

Ericiel Auteur, 25 mai, 12:03 : « *Je suis auto-entrepreneur... Mais pas en tant qu'éditeur.* »
Ericiel Auteur, 25 mai, 12:04 : « *Je vais aller voir votre site...* »
Alain Pontvianne, 25 mai, 18:43 : « *L'auto édition, c'est mettre en ligne et en vente ses œuvres sans passer par un éditeur. Point barre. Les considérations genre "lulu fait ça" et les histoires de Siren, c'est du blah blah de pinailleur.* »
Stéphane Ternoise, 25 mai, 18:57 : « *NON "Alain Pontvianne" L'auto-édition se doit de faire preuve de professionnalisme et d'être dans la légalité (se prétendre en auto-édition sans numéro de siren, sans déclaration fiscale idoine : illégalité). L'image de l'auto-édition souffre également de cette absence de professionnalisme, au point que M. Nourry peut la comparer au compte d'auteur (http://www.auto-edition.com/comptedauteur.html)...* »
Alain Pontvianne, qui ignore peut-être les hautes fonctions de M. Nourry, 25 mai, 19:05 : « *Pour comparer l'auto édition au compte d'auteur, faut pas vraiment être une lumière...*

Pour moi le seul professionnalisme dont doivent faire preuve les auteurs indépendants, c'est dans la qualité de leur texte, et rien d'autre.

Jouez les procéduriers si ça vous amuse, moi je préfère me concentrer sur mes textes pour l'instant. C'est pas un numéro de siren qui rendra mes travaux meilleurs. »

Ericiel Auteur, 25 mai, 19:07 : « *Je comprends vos 2 points de vue...* »

Ericiel Auteur, 25 mai, 19:09 : « *D'un côté l'auteur qui veut vendre ses œuvres, sans se prétendre éditeur professionnel et de l'autre celui qui veut rendre une crédibilité professionnelle à l'auto-édition. Difficilement conciliable...* »

Stéphane Ternoise, 25 mai, 19:21 : « *Bon résumé "Ericiel Auteur" Mais en France il existe des lois ! Celui qui veut vendre doit avoir un statut pour le faire... Il est toujours surprenant que des personnes veulent pratiquer une profession (auteur éditeur) en refusant d'assumer le statut... En fait, le plus souvent, il ne s'agit pas d'auto-édition mais d'essayer de se faire remarquer pour signer chez un "éditeur traditionnel"... comme on le dit chez Gallimard, certains signeraient à 0% de droits d'auteur (dossier de Lire)... Donc il faudrait un autre nom pour "mise en ligne des œuvres"... mais en cas de paiement l'administration fiscale est en droit d'exiger un véritable statut (vous ne touchez jamais d'argent de Lulu, "Alain Pontvianne" ? Comment le déclarez-vous ?)* »

Alain Pontvianne, 25 mai, 19:40 : « *Pour l'instant je ne touche rien, je n'ai rien publié...* »

Ericiel Auteur, 25 mai, 19:42 : « *J'ai publié sur Lulu, mais je n'ai encore rien touché. Je ne m'étais pas encore posé la question. Mais en tant qu'AE, je peux déclarer en ventes... »*

Une conversation comme je pourrais en tenir chaque jour sur ces groupes facebook, où celles et ceux qui parlent de l'auto-édition, le plus souvent, n'en ont qu'une expérience au mieux restreinte...

On peut effectivement comprendre qu'un auteur ne se tracasse pas avec des formalités avant d'être vraiment en situation. Ces plateformes semblent, qui plus est, permettre de retarder les paiements même après dépassement du seuil de leur déclenchement. Un "auteur" avec une activité annexe, ce qui semble le cas de mes deux interlocuteurs, peut donc considérer qu'il verra bien le moment venu. Cette « *auto-édition numérique* » avec un intermédiaire s'occupant des ventes, diffère donc de l'auto-édition livres en papier où l'auteur se devait (ce n'était pas toujours le cas en 1990 !) d'être en règle pour vendre son premier bouquin. Mais que ces auteurs ne pensent pas que Lulu et Amazon s'occupent de leurs relations avec les administrations fiscales... Mais combien d'auteurs cochent la case de lecture des « conditions générales » sans les avoir même parcourues ?

Auteur auto-édités, êtes-vous dans la légalité ?

Conditions générales de Kindle Direct Publishing (Dernière mise à jour : 14 décembre 2012)
Amazon utilise le terme d'auto-édition. N'oubliez donc pas que vous êtes l'éditeur, du point de vue juridique, donc fiscal. Amazon "n'est qu'un" prestataire de services, des services essentiels, la mise en vente, la gestion des flux financiers, mais la société de Seattle (pas plus que sa succursale luxembourgeoise) ne saurait se substituer aux obligations des auteurs-éditeurs.
Ces conditions générales abordent peu la qualité d'éditeur. Il est vrai que ce n'est pas le sujet. L'auteur est éditeur. Et quand on se croit capable d'être éditeur on doit être capable de respecter la législation de son pays, au moins dans ce domaine !
J'ai néanmoins lu (sur ces absurdes forums où les clans s'organisent) des « *ce n'est pas écrit que l'on doit déclarer aux impôts ce que l'on touche, et d'ailleurs dans quelle case il faudrait le noter ? donc je te conseille de faire comme moi : tu touches le fric et tu dis rien...* » Maintenant qu'on s'est américanisé, on s'en fout des lois !... D'ailleurs Cahuzac...

Néanmoins, le « 4.1 Admissibilité » des Conditions générales de KDP ne laisse planer aucun doute :
« *Vous devez disposer d'un compte de Programme actif pour pouvoir participer au Programme. Vous*

reconnaissez avoir atteint l'âge légal de la majorité et avoir le droit de conclure un accord ayant force obligatoire. Le parent ou le tuteur d'un mineur est autorisé à ouvrir un compte KDP et à être l'Éditeur du Livre Numérique du mineur. »

Amazon ne règle pas à votre place les taxes. Ce qui est normal. Amazon paye ce qu'il doit légalement payer (exemple 3% de TVA au Luxembourg) et vous devez en faire de même.

« 5.4.8 Taxes. Les parties Amazon (ou leurs sociétés affiliées) sont en charge de la collecte et du règlement de l'ensemble des taxes imposées à leurs ventes respectives de Livres Numériques. Vous êtes responsable du paiement de toute forme de taxe sur le revenu ou autre taxe exigible et échue résultant des paiements qui vous sont versés par des parties Amazon au titre du présent Contrat. Par conséquent, sauf disposition contraire, les montants qui vous sont dus au titre des présentes incluent toutes les taxes qui pourront s'appliquer à ces paiements. Les parties Amazon conservent toutefois le droit de déduire ou de retenir tout ou partie des taxes applicables des montants qui vous sont dus, et les montants dus, tels que réduits par ces déductions ou retenues, constitueront l'intégralité de vos paiements et règlements. »

Si un jour le législateur exigeait qu'Amazon paye à votre place, il n'aurait pas besoin de vous faire valider un avenant.

De plus :

« 5.8 Garanties et indemnités. Vous nous garantissez que : (a) vous disposez de tous les droits et pouvoirs

nécessaires pour conclure le présent Contrat et exécuter les obligations qui en découlent, et que vous vous conformerez à ses dispositions. »

L'ensemble de ces *Conditions générales* me semblent justes, logiques, correctes. Mais il suffit de lire les réactions d'auteurs sans expérience pour constater qu'ils s'imaginent, le plus souvent, tout autre chose. Il en est même qui, tout en publiant des livres, s'avouent ne pas comprendre « ce charabia. » Pourtant Amazon a le grand mérite de proposer un contrat clair en français. Ce qui n'est pas le cas de "Lulu". Il me faut bien parler de ce "Lulu."

En page d'accueil : « *10 ans et 2 millions d'écrivains.* » On pourrait certes "ergoter " sur le sens du terme écrivain à la une de ce site, où figure également un peu alléchant « *plus de 1000 nouveaux titres chaque jour.* » N'espérez donc pas être visible dans ce grand marécage ! Ces chiffres suffisent à comprendre qu'il s'agit d'un "simple" prestataire qui apporte une solution technique et vous laisse le soin de vous bouger pour les ventes... dont il tirera ses bénéfices... On ne peut rien lui reprocher. En bas de page, certes en tout petit, figure : « *Lulu.com vous ouvre les portes de la publication et de l'impression de livres en ligne. Vous cherchez à vous auto-publier ? Les solutions d'impression à la demande (POD) de Lulu sont d'une utilisation rapide et simple. Créer un livre en quelques minutes, publier en un simple clic, distribuer, vendre et imprimer des livres à commander. C'est aussi simple que ça. Vous essayez de créer un album photo ? Vous voulez créer votre propre calendrier ? Notre assistant de publication en ligne facile à utiliser vous permet de publier et d'imprimer votre propre album photo ou calendrier de haute qualité en quelques minutes. Vous voulez convertir votre livre en eBook ? Avec nos outils conviviaux d'édition, c'est un jeu d'enfants. Avec Lulu, vous pouvez vous auto-publier et distribuer votre eBook au format ePub compatible avec l'iPad d'Apple, Sony Reader et bien d'autres.* »

Le plus surprenant, selon un modeste écrivain observateur de ce mieux, c'est son succès en France à ce Lulu. Ce qui semble dénoter une réelle volonté de se projeter écrivain chez de nombreux concitoyens...

Les *mentions légales*, même dans la partie française du site, restent en anglais. Comme le "Contrat membre de Lulu et Conditions d'utilisation" qu'il faut valider pour s'inscrire. Ce qui me gène et m'oblige à utiliser google translate…

« *8. Creator Revenue*
As used herein:
Creator Revenue - means the percentage of Net Revenue due to you as author-publisher for Content which was sold and paid for in full. Subject to specific arrangements with distribution channel partners, the following Creator Revenue percentage generally applies:
Electronic- for sales of electronic material, 90% of Net Revenue. »

Signifie presque :

« 8. Revenus Créateur
Tel qu'utilisé ici:
Créateur revenus - signifie le pourcentage du revenu net qui vous est dû auteur-éditeur de contenu qui a été vendu et payé en totalité. Sous réserve des accords spécifiques avec les partenaires des canaux de distribution, le pourcentage du revenu du Créateur qui suit s'applique généralement : ventes électroniques, 90% des revenus nets. »

« 21. Jurisdictional Issues
The Site is controlled and operated by Lulu from the United States of America, and is not intended to subject Lulu to the laws or jurisdiction of any state, country or territory other than that of the United States of America. Lulu does not represent or warrant that the Site or any part thereof is appropriate or available for use in any particular jurisdiction. Those who choose to access the Site do so on their own initiative and at their own risk, and are responsible for complying with all local laws, rules and regulations. We may limit the Site's availability, in whole or in part, to any person, geographic area or jurisdiction we choose, at any time and in our sole discretion. Lulu makes no representation that material on the Site is appropriate to or available at locations outside of the United States. You may not use the Site or export the Contents in violation of U.S. export regulations. If

you access this Site from a location outside of the United States, you are responsible for compliance with all applicable local laws and payment of any local taxes that may be payable in connection with any purchase from the Site »

« 21. Questions de compétence
Le site est contrôlé et exploité par Lulu en provenance des États-Unis d'Amérique, et ne vise pas à soumettre Lulu aux lois ou juridiction de tout Etat, pays ou territoire autre que celui des États-Unis d'Amérique.
Lulu ne représente ni ne garantit que le Site est approprié ou disponible pour une utilisation dans une juridiction particulière.
Ceux qui choisissent d'accéder au Site le font de leur propre initiative et à leurs propres risques et sont responsables de se conformer à toutes les lois locales et règlements.
Nous pouvons limiter la disponibilité du site, en tout ou en partie, à toute personne, zone géographique ou juridiction de notre choix, à tout moment et à notre seule discrétion.
Lulu ne fait aucune représentation que le matériel sur le site est approprié ou disponible dans des endroits en dehors des États-Unis.
Vous ne pouvez pas utiliser le Site ou exporter les matières en violation des règlements américains à l'exportation. Si vous accédez à ce site à partir d'un emplacement à l'extérieur des États-Unis, vous êtes responsable de la conformité avec toutes les lois

locales en vigueur et le paiement de toutes les taxes locales qui pourraient être payables dans le cadre d'un achat sur le Site. »

Si vous ne retenez qu'une phrase : « *vous êtes responsable de la conformité avec toutes les lois locales en vigueur et le paiement de toutes les taxes locales qui pourraient être payables dans le cadre d'un achat sur le Site.* » Donc d'une vente !
Quant au montant destiné à l'auteur-éditeur sur chaque vente d'un livre papier, il semble relever d'un calcul où le prix de vente et le nombre de pages interviennent... Il existe même des options payantes... mais il ne s'agît nullement ici d'analyser leur contrat, leurs pratiques. Seul l'aspect légal m'intéressait...

« *Mon éditeur : Lulu* », affirmation fréquente sur le net. Au-delà de la totale erreur (le site est prestataire de service et non éditeur), le côté ridicule de l'appellation doit quand même retenir quelques "apprentis auteurs". Non ? Quand même, dans la littérature, les mots ont un sens. « Chez Lulu », on ne pense même pas à un bistrot, plutôt une maison de passe. Maison de presse, maison de passe, les mœurs peuvent certainement permettre des passerelles. Naturellement, aux Etats-Unis, ces deux syllabes ne doivent pas être ainsi connotées french proxénète. Quand on choisit un nom, il faut le porter... Quand on choisit "un nom d'éditeur" - je vous le répète "prestataire" - il faut s'attendre aux sourires...

Kader Terns m'a raconté la manière dont il s'est catapulté en tête des ventes, via les achats de sa cité. Je reprends son témoignage dans « *le roman de la révolution numérique.* »

« - Les fausses critiques sont utiles mais la victoire s'est gagnée avec les faux achats !

Ce qui n'est pas nouveau, je me souviens de cette histoire (avouée bien plus tard par les protagonistes, sans soulever d'indignation) quand quelques disquaires servaient de référence pour le classement des ventes de vinyles dans notre pays : certains n'hésitaient pas à acheter leur poulain en nombre ! Un bon plan pour eux comme pour le disquaire ! Combien gagne Amazon grâce aux achats dont le seul but est de faire monter l'œuvre d'un ami ou parent ?

- Une dizaine de vrais potes, chargés des critiques de lecteurs, c'est nettement suffisant. Cinq clics rapides sur NON à "*avez-vous trouvé ce commentaire utile ?*" et il disparaît dans les profondeurs invisibles le sale message du client déçu. La moyenne des notes doit dépasser 4 sur 5 ! Toute réaction avec moins de quatre étoiles sera systématiquement marginalisée. "*J'ai acheté ce livre en me basant sur les avis élogieux. Pour moi c'est un flop ! Le sujet est quelconque. Aucun style, syntaxe et grammaire à revoir...*" Casse-toi, sale

prof ! Tu ne vas pas me gonfler pour tes 99 centimes !
Tu as eu ta part de rêve ! Celui de découvrir Kader !

Ce genre de technique se décline désormais en "site de lecteurs" avec les auteurs éditeurs particulièrement ciblés. L'auteur intéressé est prié de rembourser aux acheteurs (plus une forte commission pour le site) les dépenses de ces critiques "bénévoles." Ces "achats remboursés" doivent permettre au livre de monter dans les classements, se faire remarquer, générer de véritables ventes... Pratique scandaleuse ? Quand dans un catalogue Carrefour ou Leclerc figure un produit "premier achat remboursé" il s'agit bien également pour la marque d'acquérir de la visibilité... Naturellement, dans ce genre de marketing, l'écrivain indépendant ne peut rivaliser avec les mastodontes, il peut juste sacrifier ses économies pour un résultat dérisoire. Mais c'est bien "la part" du rêve que sont disposés à payer de nombreux apprentis auteurs... Que les indépendants soient particulièrement visés montre bien qu'il s'agit de leur faire payer cette part de rêve. Pratique venue des États-Unis et rapidement déclinée en France... Auto-edition.com fut naturellement démarché... Ce genre de bon plan (surtout pour les gestionnaires du site mais des "petits malins" devraient ainsi obtenir quelques jours de visibilité) est naturellement à déconseiller mais devrais-je proposer une journée d'achat remboursé ? »

Depuis, il y eut sur un forum privé, celui de mon edistributeur, de passionnants échanges. Où sûrement à quelques nuances près, je me situais sur la même ligne que Jean-François Gayrard de Numeriklivres ! Tout est possible ! (avant ma précision d'échanges anciens tendus, ce point d'exclamation vous semblait déplacé)

Sous le titre « *Puissant outil de promotion sur Amazon* » un éditeur essayait de se faire remarquer. J'aurais l'amabilité, malgré mes copies d'écrans, de me limiter à son prénom, Aurélien. Le 31 mai 2013 à 09:59:37 (précision extrême !)

Bonjour,
Je viens de découvrir un moyen plutôt efficace de gagner de la visibilité sur Amazon :
-----dex est un outil dont le fonctionnement est le suivant :
Il faut inscrire son livre numérique sur le site, ça coute 49 € HT. Ensuite, on commande des ventes de son livre, en payant 125% du prix de vente. Par exemple, pour un livre à 0,99€, on paye 1,24€ / vente commandée.
-----dex propose ensuite le livre à une communauté de lecteurs à qui elle rembourse l'achat.
J'ai propulsé deux de mes livres avec ce système, le premier (---) a été 3 du Top 100 Ebook Amazon / kindle avec 80 ventes, et le second (---) 10e avec 35 ventes. (ce qui permet aussi de découvrir un peu le marché.)
Voilà, c'est juste un outil marketing, après, il n'y a pas de miracle, j'ai pu voir le chemin parcouru par les livres qui ont utilisé cet outil, certains ont réalisé un joli parcours (-

-- est toujours dans les 30 premières places depuis plus de 50 jours), d'autres sont repartis très vite dans les profondeurs obscurs, ce sont les lecteurs qui décident...
Pour être parfaitement transparent, je participe à un programme d'affiliation, alors si jamais vous avez envie de tenter l'expérience, c'est sympa pour moi si vous passez par ce lien au moment de l'enregistrement de votre livre :...

Jean-François Gayrard, des *Éditions Numeriklivres* réagissait le 31 mai 2013 à 11:04:26
« Vous devriez trouver plutôt un moyen de rendre votre catalogue intéressant auprès des lecteurs plutôt que de venir faire l'apologie d'Amazon.
Inadmissible que vous osiez venir sur ce forum pour parler de -----dex. Cet outil de promotion est une belle fumisterie ! Si vous en êtes rendus à acheter vos propres titres pour gagner en visibilité, vous en êtes rendus bien bas. Et si j'étais vous, je changerai de métier immédiatement : allez vendre des poireaux sur les marchés, ce sera mieux pour tout le monde.
Est-il possible que les modérateurs de ce forum suppriment tout simplement ce message ? Et que l'on arrête de faire de la publicité pour ce truc ? »

Aurélien le 31 mai 2013 11:48:27
« Bonjour monsieur,
Il me semble que vous dépassez les limites de la courtoisie. Ne soyez pas insultant. Je ne sais pas quels sont vos moyens professionnels pour faire la promotion de vos livres, mais celui que je suggère est économique et efficace.

S'il ne vous convient pas, contentez-vous de ne pas l'utiliser ! Je suis très certainement bien plus petit que vous, mais je ne crois pas que cela vous autorise à tenir de tels propos à mon égard. En quoi le fait d'investir pour faire connaître son travail par ce moyen serait-il moins pro que de se payer des affiches dans le métro? Vous qui vous targuez de bien connaître le marché de l'édition numérique, je pense que vous faites erreur si vous négligez ce levier de promotion ! »

Le débat s'envenimait. Ce n'est pas l'espace pour le suivre... j'intervenais finalement...

« *Bonjour,*
J'ai été sollicité par ce genre de site. La personne souhaitait même que j'en fasse la promo car elle visait ouvertement les auteurs en auto-édition (sollicité via http://www.auto-edition.com).

Cette offre m'a scandalisé. Car il s'agit bien de se faire de l'argent sur les personnes en recherche de promotion. J'ai "intégré" ce principe (pas nouveau donc) dans le roman "un amour béton" (http://www.romancier.org/roman2013.html) car si un éditeur souhaite rembourser des lectrices et lecteurs, il n'a pas à passer par ce genre de site... un roman qui explique la manière dont Kader Terns est devenu meilleure vente d'Amazon Kindle...
C'est peut-être la première fois (je souris bien sûr) mais je suis d'accord avec Jean-François Gayrard, des Éditions Numeriklivres !

Bonne journée avant la suppression... Élisa, je pense qu'il faudrait peut-être mettre en garde contre ce système même si certains pensent peut-être pouvoir se faire de l'argent via l'affiliation... »

Aurélien me répondait à 14:19:00

« *Bonjour Stéphane,*
Je trouve votre réponse intéressante parce que j'ai eu la même réaction que vous lorsque j'ai été sollicité: "encore un moyen de piquer trois sous à de pauvres auteurs en mal de reconnaissance en leur faisant croire que le succès leur tend les mains".
La curiosité l'a emportée, j'ai essayé modestement, et je me retrouve au final avec un nombre de ventes naturelles légèrement supérieur au nombre de ventes commandées, et quelques commentaires plutôt agréables sur Amazon. Voila, je n'ai pas spécialement gagné d'argent, je suis à peu près rentré dans mes frais, je trouvais l'expérience sympa, alors j'ai eu la (mauvaise) idée de la partager sur ce forum.
Pareil pour l'affiliation, j'ai pensé que si certains parmi vous étaient intéressés, ça ne leur coutait rien que j'en profite, j'ai préféré le dire honnêtement, et si personne n'en veut, tant pis... je ne mise pas sur ça pour faire du chiffre, je n'en attends rien et je ne pense pas qu'il soit utile de "mettre les gens en garde".
Désolé pour la gêne et l'énervement suscités, ce n'était pas mon intention. »

Un autre Stéphane intervenait à 14:33:45 « *Ne supprimez rien. Ces échanges, pour autant qu'ils restent* courtois, sont très intéressants. L'édition numérique est un marché en devenir. Ça bouillonne, ça cherche, ça expérimente. Et tout cela n'a pourtant rien de nouveau dans le principe : Gallimard a été insulté pour avoir fait de l'argent en période de vaches maigres avec des revues bas de gamme ("Détectives"), Grasset (entre autres) imprimait de la publicité pour des voitures et des cigarettes en page IV de ses romans dans les années 30. Tous les éditeurs de littérature générale donnent des dizaines d'exemplaires à leurs relais d'opinion (presse, libraires...). Ca leur permet d'exister... de recevoir des manuscrits et de publier d'autres livres. Et au final seuls les bons éditeurs et les bons livres demeurent, les autres... pfuiiit, disparus.»

Je précisais « Aurelien,

Vous n'avez rien gagné... mais le site en question y gagne à tous les coups, et si en espoir de gagner un peu avec l'affiliation, vous faites sa promo, il augmente ses bénéfices... et un jour les lectrices et lecteurs qui achètent via ce site pour être remboursés, seront repérés par Amazon qui supprimera leurs commentaires mais peu importe, le site aura fait son bénéfice...

Todd Rutherford, s'octroyait jusqu'à 28 000 dollars de salaire avec un système similaire... Lui vendait des packs de 20 ou 50 bonnes critiques... Accepter d'enrichir ce genre de site, pour un éditeur, ne me semble pas préférable (pour m'exprimer en stoïcien)
Bon courage,
Stéphane »

Jean-François Gayrard à 15:22:09 « *Je vais rester courtois même si je boue à la lecture de vos commentaires et effectivement pour une fois je suis entièrement d'accord avec Stéphane Ternoise. C'est tout de même incroyable de tomber dans un piège aussi gros que le nez au milieu de la figure ! Il faut être naïf ou manquer d'une grande lucidité pour s'embarquer dans ce genre de "marketing" de bas étage. Pour votre info, Amazon US a déjà engagé des actions pour faire la chasse à ce genre de marketing et Amazon FR ne tardera pas.*

Quand on manque d'imagination pour faire la promotion de son catalogue, et bien voilà, on choisit les pires solutions de facilités comme -----dex. Ce sont des solutions de courts termes mais ce ne sont pas de solutions qui inscrivent l'image d'une maison d'édition qu'elle soit numérique ou papier dans le respect et la durée.

En tout cas, même si le numérique implique de nouvelles façons de faire pour propulser un catalogue, ce n'est certainement pas de cette façon qu'un jour l'édition numérique ou encore les éditeurs "pure-players" gagneront en crédibilité. C'est pathétique. »

Aurélien à 15:39:41 « *Stéphane,*
Vous avez peut-être raison, on verra, mais je ne pense pas qu'Amazon fera ce que vous dites, d'une part parce que ----dex n'incite pas à commenter les livres achetés (ce n'est pas du tout la même chose que de la vente de pack de commentaires), et d'autre part, parce qu'Amazon fait partie de l'équipe gagnante de ce système. Mais au pire, si

Amazon retire les commentaires, ou même carrément mes livres, j'essayerai de trouver des lecteurs autrement. Et je vous signalerai l'arnaque sur ce même forum en toute honnêteté.

Je n'ai rien gagné, mais je n'ai rien perdu, donc je n'ai pas l'impression de m'être fait avoir. Et puis, je n'ai pas "rien gagné" parce que des gens ont lu mes histoires, certains les ont même appréciées, et ça a suffi à mon plaisir.

M. Gayrard a raison, je ne suis pas une grosse maison d'édition comme Numériklivres, je publie quelques nouvelles de quelques auteurs qui ne misent pas sur mes talents d'éditeur pour payer leurs factures. Ca fait de nous des petits, oui, des amateurs, peut-être, mais on s'en fiche. Est-ce que ça nous retire le droit de publier nos histoires? Je ne crois pas... »

Le reste n'apporte rien à l'observation de ce système "promotionnel."

Quand on lui demande de l'argent, que fait l'écrivain ?

Quand on lui demande de l'argent, un écrivain devrait toujours se méfier... mais... il a envie de croire qu'enfin c'est son jour de chance...

Si la somme demandée reste modeste, il sait qu'il peut se le permettre... comme le rmiste dans un casino peut lancer quelques pièces dans une machine...

Alors il ne lit pas les clauses des conditions d'utilisation, autre terme de contrat. Il paye !

Doit-on accepter de payer pour (espérer) atteindre illico le top des ventes des plateformes numériques ?

Augmentez artificiellement et significativement vos ventes, propulsez vos ouvrages en tête des ventes, ainsi vous serez visibles et générerez de vraies ventes...
Cette approche peut convaincre, et surtout permettre à l'organisateur de cet engrenage d'en vivre...

Nous essayons de mettre en place une économie saine du livre numérique. Où la qualité serait visible. Donc nous devons rester vigilants à toute dérive.

Nous : des auteurs indépendants, avec le statut d'auteur-éditeur ; des edistributeurs (enfin, plutôt

UN, les autres restés imprégnés des vieux circuits oligarchiques), des éditeurs 100% numériques qui semblent s'être lancés dans cette aventures avec l'envie de "faire du bon boulot" (même si, porté par mon "utopie" d'indépendance, j'ai toujours de petites difficultés avec ces "collègues"... mais je sais bien la difficulté d'assumer toutes les phases solo (wo)man...)

Quand tentent de s'immiscer des "intermédiaires", des accélérateurs de visibilité... mais à condition de payer !... naturellement il se trouve toujours quelques "malins" pour saisir l'occasion...

"Je suis rentré dans mes frais et j'ai eu plus de lecteurs" pour l'éditeur.
"Je me fais un max de fric" pour l'intermédiaire.
"Pourquoi n'en profiterais-je pas pour lire gratuitement" pour les lectrices et lecteurs.
"Nous allons dans le mur si ce système prend de l'ampleur", les défricheurs du numérique en francophonie.
Ainsi pourraient répondre les quatre acteurs actifs de cette grande aventure.
Quant à la plateforme numérique, elle peut osciller entre *"pour moi, ça ne change rien, y'a des ventes, que les gens soit remboursés ensuite, ce n'est pas mon affaire"* à *"nous avons besoin de crédibilité, dans le classement des meilleures ventes également."*

Le monde de l'édition traditionnelle ne me convient pas

Devrais-je, comme tant d'autres qui partagent mes analyses mais préfèrent le taire publiquement, mettre de côté un certain idéalisme et "profiter du système" ?

Naturellement, ces « *artistes engagés qui osent critiquer Pinochet à moins de 10 000 kilomètres de Santiago* », ne peuvent risquer de se fâcher avec le monde de l'édition. Face au pouvoir, il est plus facile de grignoter sa part de gâteau. On m'en veut d'oser "caricaturer" en collaborateurs du grand capitalisme des gens le plus souvent prétendus de gauche. Ces gens disponibles pour les grandes causes, qui appellent docilement à voter Hollande, Malvy, Cahuzac, Guérini, Baylet, Tapie, Pinel... De bons soldats de gauche...

Selon challenges.fr, Antoine Gallimard (et sa famille) serait la 224ème fortune de France avec 160 millions d'euros en 2012.

Il est "naturellement" devancé par Arnaud Lagardère (et sa famille) au 170ème rang avec 345 millions d'euros.

Lagardère Arnaud ? On ne martèle pas (et il sait rester discret, simplement envoyer des satisfecit à Nourry Arnaud chargé de faire remonter du cash) qu'il est le véritable patron chez Grasset, Stock, Fayard et compagnie, le groupe Hachette Livre.

Francis Esménard (et sa famille) 296ème avec 115

millions d'euros, fondateur et patron d'Albin Michel (il en contrôle toujours les trois quarts).

Dans "la famille" d'Antoine Gallimard au sens de challenges.fr, ne figure pas "Isabelle et Robert Gallimard et Muriel Toso", *conglomérat* classé au 321ème rang des fortunes de France avec 100 millions d'euros tout rond. Le site du mensuel note *"Ces familles, actionnaires historiques et proches d'Antoine Gallimard, conservent 38 % de l'éditeur (CA : 253 millions)."*

Hervé de La Martinière, 472ème (encore 60 M€), président-fondateur (il en conserve 29 %) de La Martinière, qui a racheté le Seuil en 2004.

Jacques Glénat (et sa famille) 472ème fortune de France également. Il m'est inconnu mais il s'agit d'un grenoblois, à la tête de *Glénat Edition*, sûrement un pilier dans la BD (Chiffe d'Affaire 80 millions en 2012 avec 673 nouveautés).

Pierre Fabre les devance tous, au 54eme rang des fortunes françaises avec 800 millions d'euros. À la tête d'un mastodonte dans le domaine pharmaceutique, il semble s'intéresser aux discrets "vecteurs d'informations" : propriétaire de l'hebdomadaire "*Valeurs actuelles*", considéré très à droite et au Capital (6%) de la *Dépêche*, éditeur de "*La Dépêche du Midi*"... qu'on dit très liée aux intérêts de Jean-Michel Baylet. Mais dans l'édition c'est surtout l'éditeur de François Hollande ("*Le rêve français : Discours et entretien (2009-2011)*") et Martin Malvy qui m'intéresse : « *Créées à Toulouse en 1839, les Éditions Privat restent une des très rares maisons*

*d'édition françaises à rayonnement national à n'être pas
situé à Paris. Elles ont été achetées par les Laboratoires
Pierre Fabre en 1995.*» Pierre Fabre sponsorisait le
rugby à Villeneuve-sur-Lot au temps du Cahuzac
tout puissant...

Les "Éditions médicales Pierre Fabre" ayant par
exemple publié "*Atlas proctologic*" de Roland Copé le
1 septembre 1994, ne semblent plus exister.

Amazon présente également un intéressant "Les
phlébites révélatrices" de Griton Wallois, publié le
1er janvier 1499. Oui, le 1er janvier 1499, c'est écrit
sur Amazon donc c'est vrai !

Travailler avec et pour ces millionnaires me
dérangerait. Oui, quand on naît pauvre, on peut
éprouver certaines retenues, sans même parler de
lutte des classes. Aurélie Filippetti semble penser le
contraire (elle écrit sur la lutte des classes mais
aucune retenue à servir des lois aux installés, à part
bien sûr Ernest Antoine Seillière) S'il n'y avait que

l'argent, peut-être aurions-nous pu nous entendre. Mais il y a les méthodes.

« *Tout dépend de la maison d'édition dans laquelle vous êtes édité, et du travail fait en amont par les attachés de presse auprès des journalistes et des jurés littéraires.* » Selon un homme qu'on ne peut pas taxer de chantre de l'indépendance : Alain Beuve-Méry, petit-fils du fondateur du *Monde* où il couvre l'édition.

Dans ce même quotidien, l'analyse d'un écrivain nommé Baptiste-Marrey mérite notre attention : « *Les grands groupes publient, distribuent, vendent et font commenter favorablement les titres qu'ils produisent.* »
Ces aveux n'ont déclenché aucun tollé. C'est simplement la vérité, qui ne doit même plus être combattue. En démocratie, c'est ainsi, et la ministre de la Culture reste en contrat avec le plus puissant groupe d'édition du pays, pour lequel travaille également la compagne du Président de la République.

Non aux subventions !

Un de mes sites, depuis 2005, porte ce nom, www.nonauxsubventions.com. Dans l'indifférence totale !

Les subventions tuent la création, embrigadent le créateur dans les souhaits du subventionneur. Surtout ne pas écrire une phrase qui pourrait dans 10 ans sortir devant les yeux d'un subventionneur. Imaginez Martin Malvy devant son écran et lançant la requête « Martin Malvy Stéphane Ternoise » sur google. Aurais-je droit à une bourse du CRL ? Même médiatiquement y'a danger avec ces politiques également patrons de presse : imaginez le patron du PRG devant son écran et lançant la requête « Jean-Michel Baylet Stéphane Ternoise » sur google. Aurais-je droit à un article dans sa *Dépêche* ?

Non, vous n'imaginez pas Martin Malvy avoir du temps pour ces basses besognes... Son plus proche collaborateur en a ? D'ailleurs, peut-être même que la secrétaire du CRL vérifie les mails et courriers de cette manière avant de les transmettre. Y'a eu tellement d'embauches au Centre régional des Lettres de la région Midi-Pyrénées, qu'il leur faut bien des occupations.

Non, les gens ne sont pas comme ça. Blabla de gauche, humanistes, tolérants, ouverts à la culture... Les gens, je l'ignore mais "la rancune" est l'une des "qualités" les plus tenaces chez l'humain. Quant aux politiques... ont-ils d'autres motivations ? (je connais la région Midi Pyrénées, un peu l'Aquitaine, donc je ne me permettrais pas d'extrapoler... tout en sachant que dans tout domaine il existe des us, des coutumes... et des exceptions)

Zazieweb.fr était une *"communauté des lecteurs"*. Le portail semble en pause depuis septembre 2009. Un article de livreshebdo expose cette impossibilité de continuer malgré « *1 912 éditeurs... la petite édition.* » Isabelle Aveline, en se lamentant, met bien le doigt sur la subventionnite : *"Parce que la chasse aux subventions est un modèle épuisant... et vain, au final : 5 000 euros par-ci, 2 000 euros par-là... (...) Parce que la «case numérique culturel» n'existe pas dans les institutions et financeurs et qu'il faut « jongler »... : non, Zazieweb n'est pas une librairie, n'est pas une maison d'édition, n'est pas une bibliothèque, n'est pas un événement littéraire, n'est pas une revue littéraire... hum..., je crois que c'est tout cela à la fois !"`* Elle aurait voulu être subventionnée pour toutes les raisons et avait des difficultés à passer aux caisses. Pauvre femme ! Y'en a marre de ces subventionnés ! On veut vivre de notre plume sans courir après des subventions. Qui plus est, et c'est également la raison de l'utilisation de cet exemple, Isabelle Aveline démontre bien que ça ne sert qu'un temps ! Et ensuite, quand les subventions s'arrêtent (vous n'avez pas suffisamment rendu service aux payeurs, d'autres sont à privilégier...), le créateur tombe dans un profond désarroi. Il pensait pourtant mériter ses sinécures, qu'elles le nourriraient toute sa vie. Ils en oublient même de créer ! Le manque d'argent est également un moteur, stimulateur de la création... (mais dans l'excès, il peut anéantir, donc profitant du Sarkothon je lance également un appel aux dons... http://www.ecrivain.pro/don.html ! Bide monumental !)

Le budget comme les listes des subventionnés du *Centre National du Livre* sont publiques... mais il faut fouiner pour les trouver...

En 2011, le budget du CNL était de 45,55 millions d'euros et 187 créateurs littéraires se sont partagés 1 613 500 euros. Donc silence les auteurs, comme ces 187 élus vous pouvez manger au râtelier des aides...

45,55 millions d'euros ! « *Ces recettes proviennent à 79 % de deux taxes, soit 36,06 M€, suivant une courbe tendancielle déjà ancienne à la concentration et qui se continue ici (+ 2 points). La première de ces taxes, portant sur l'édition (0,2% des CA excédant 76 300 €), atteint 5,32 M€, marquant une augmentation conjoncturelle de 5,6 % (soit +0,28 M€) en raison des bons résultats de la filière sur l'exercice. La deuxième, portant sur les appareils de reproduction et d'impression, bénéficie d'une amélioration structurelle de 9,2 % (soit + 2,59 M€) sous l'effet du relèvement de son taux, à partir de 2010, de 2,25 % à 3,25 % : elle atteint ainsi 30,74 M€* »*
Donc même l'argent des auteurs inféodés à l'édition

classique (les 0,2% des CA excédant 76 300 €, ce sont bien des sommes collectées sur les ventes de leurs livres), ces 5,32 millions d'euros ne reviennent pas aux auteurs... D'autres affectations sûrement plus utiles...

Un système qui met en avant les aides aux auteurs pour mieux se partager 96,5% du budget ! Mais naturellement ce système fonctionne grâce aux écrivains qui vivent sur l'espérance de toucher le jackpot. 28 000 euros, c'est en effet énorme, ça me permettrait de vivre plusieurs années... Le vingtième siècle démontra de manière extrême que toute dictature a besoin de collabos pour tenir. Les systèmes injustes puisent naturellement leur mode de fonctionnement dans cette boue de l'histoire. Le pire, s'il y a pire en la matière, étant que des auteurs-donneurs-de-leçons collaborent ainsi à la pérennité du monstre.

Quant aux 30 millions d'euros des taxes sur les appareils de reproduction et d'impression, il semble scandaleux que les utilisateurs continuent à accepter de les payer, sans même la justification qu'elles servent à la création comme s'en gargarisent les officiels et installés.

« Décidées par le Président du Centre national du livre, après avis d'une commission ou d'un comité d'experts, les aides mises en œuvre par l'établissement sont exposées de façon détaillée dans le présent bilan, via une présentation

par article budgétaire, puis par commission ou type d'accompagnement. »

Les Bourses ne représentent, certes, en 2011, que 7,1% du budget consacré aux interventions.

9% aux "Activités littéraires" (des "Sociétés des amis d'auteurs" ont ainsi bénéficié de 165 000 euros + 2 474 836 euros aux "Subventions développement vie littéraire")

20,5% Subventions à l'édition (soit 6 027 070 euros)
Aides aux revues 1 124 135 euros.
Aides à la traduction 2 575 424 euros.
Projets spécifiques 178 558 euros.
Subventions à la publication 2 148 953 euros.

Le budget interventions en 2011 fut de 30 859 137 euros. Sur un budget global de 45 millions... Où passent les 15 millions ? En frais de fonctionnement ?

Donc, les bourses destinées aux créateurs littéraires où 187 bénéficiaires se sont partagés 1 613 500 euros. (alors que les 7,1% représentent une dotation finale de 2 133 860 euros... la différence est sûrement... ailleurs...)

Bourse de découverte : 3 500 euros. (47 aides)
Bourse de création : 7 000 euros. (89 aides)
Bourse de création : 14 000 euros. (43 aides)
Année sabbatique : 28 000 euros. (8 aides)

Les heureux bénéficiaires (naturellement, il est difficile de refuser de l'argent indispensable... si ce n'est pas moi, ce sera un autre... et personne n'entendra mon indignation... continue à crier Ternoise !)

Bande dessinée

ADAM Peggy : pour le projet Grisons (Suisse) 14 000 euros.

ALAGBE Yvan : Amour, histoire véritable (scénario et dessin) (département 26) 28 000 euros.

ARNAULT Mathilde : Rock Zombie ! 2 (scénario et dessin) (33) 3 500 euros.

BAUR Catherine : Vent mauvais (34) 7 000 euros.

BERNARD Frédéric : La patience du tigre, une aventure de Jeanne Picquigny (21) 14 000 euros.

BONNEAU Laurent : Max (75) 3 500 euros.

BOUDIER Germain : Le sentier (29) 7 000 euros.

BOUDJELLAL Farid : Le cousin harki (75) 7 000 euros.

BRAUD Claire : Romina Walser (scénario et dessin) (37) 3 500 euros.

CAILLEAUX Christian : Un crime (33) 14 000 euros.

CHAPRON Glen : Early morning (44) 14 000 euros.

CHIAVINI Lorenzo : Soufre (16) 7 000 euros.

CLAIRAT Guillaume : Les trois Frances (75) 14 000 euros.

COTINAT Luc : Journal d'un casanier (scénario et dessin) (35) 14 000 euros.

DEBEURME Ludovic : L'ombre du garçon (scénario et dessin) (75) 14 000 euros.

DEBOVE Sarah : Rock star locale (44) 3 500 euros.

DUCHAZEAU BENEIX : Frantz Projet autobiographique sur le thème de la résilience (75) 14 000 euros.

DUCOUDRAY Aurélien : Bosanska slika (36) 7 000 euros.

DUPUY Philippe : Les enfants pâles (dessin - scénario de Loo Hui Phang) (75) 7 000 euros.

FERLUT Nathalie : Eve sur la balançoire (16) 7 000 euros.

GILLOT Philippe : Boules de cuir (scénario et dessin) (94) 3 500 euros.

GUYOT Christian : Manouches (scénario et dessin) (75) 7 000 euros.

ING Phouséra : L'anarchiste (75) 14 000 euros.

KEU Chan : L'année du lièvre, tome 2 (69) 3 500 euros.

LAURENT Marion : Comment naissent les araignées (75) 3 500 euros.

LAVAUD Pierre : Le raccourci Hastings (16) 14 000 euros.

LE BORGNE : Christophe Nasty Suzy (75) 3 500 euros.

LECROART Etienne : Onze solos (93) 7 000 euros.

LEHMANN Matthias : Mes amis me vengeront (scénario et dessin) (75) 7 000 euros.

LEVAUX Aurélie : Sans titre, sur le thème autofictif d'une relation amoureuse à distance (scénario et dessin) (Belgique) 7 000 euros.

LONG Jean-Christophe : Le monstre, love transformer (24) 3 500 euros.

LOYAU Grégoire : Le solitaire (26) 3 500 euros.

MAHMOUDI Halim : Noir et amer comme un café sans sucre (31) 3 500 euros.

MARY Donatien : Stubb (75) 3 500 euros.

MICHAELIS Fanny : Avant mon père aussi était un enfant (scénario et dessin) (75) 3 500 euros.

MONPIERRE Roland : Saint-Georges, tome 2 : La légende de Fatras-Bâton (scénario et dessin) (75) 3 500 euros.

PAILHARET DIT MARION MOUSSE Pierrick : Une histoire de Louise Brooks (13) 7 000 euros.

PERRET Olivier : Joshua River Junior (scénario et dessin) (59) 3 500 euros.

PONTAROLO Frédéric : Deux Roméo sous un arbre (67) 7 000 euros.

POOT Christophe : Graham Schalken à Stockholm (Belgique) 7 000 euros.

REUZE Emmanuel : La vie de jésus (35) 14 000 euros.

RICARD Sylvain : Toi au moins, tu es mort avant (scénario - dessin de Daniel Casanave, d'après l'ouvrage de Chronis Missios) (75) 7 000 euros.

SCHEMOUL Gabriel : L'étrange histoire de Peter Schlemihl (dessin, scénario d'après l'œuvre de Adelbert Von Chamisso) (13) 14 000 euros.

Ces 43 bénéficiaires en Bande dessinée se sont partagés 353 500 euros.

Littérature jeunesse

ALBERT Adrien : Simon (album) (49) 7 000 euros.

BRISSOT Camille : L'aventurier et le fantôme (26) 7 000 euros.

CARRE Claude : La Croix du Sud (roman) (89) 7 000 euros.

COUPRIE Catherine : Dictionnaire fou du corps (52) 14 000 euros.

DELAUNAY Jacqueline : Amba, tigre de l'Amour (39) 14 000 euros.

FDIDA Jean-Jacques : Yona et la Belle au Bois dormant (67) 28 000 euros.

FORTIER Nathalie : Le colibri / Plupk (45) 14 000 euros.

GAUTHIER Philippe : Le voyage de Lily Fil (93) 14 000 euros.

GEHIN Elisa : L'ordre des chats (75) 14 000 euros.

GUERAUD Guillaume : Post-mortem (13) 7 000 euros.

HE Yuhong : Mes images de Chine (75) 14 000 euros.

KARALI Olivier : Maison, côté obscur (81) 14 000 euros.

LE GAC Gwen : Douze (93) 7 000 euros.

LE GENDRE Nathalie : Histoire d'anges (44) 7 000 euros.

LE ROY Boris : Utopia, au moindre geste (92) 7 000 euros.

LEVEQUE Jenny : Atlantis (roman) (76) 3 500 euros.

LEYMARIE Marie : Nous aurons besoin l'un de l'autre (21) 7 000 euros.

LIGNERIS Charlotte des : Après la mort ? (album) (44) 7 000 euros.

MEUNIER-COUCHARD Henri : Rébus / Les contes (33) 28 000 euros.

MOREAU Jean-Pierre : Réalisation d'un atlas imaginaire (75) 28 000 euros.

MORNET Pierre : L'anniversaire (75) 7 000 euros.

PERRET Delphine : Premier étage gauche (69) 7 000 euros.

PERRIN Clotilde : La chaussette bleue (67) 7 000 euros.

RAMSTEIN Anne-Margot : Faune et Flore (69) 14 000 euros.

SOUZA Marie-France : Par-dessus la tête (31) 14 000 euros.

TROLLEY DE PREVAUX Marion : Dure-à-cuire (75) 7 000 euros.

TROUFFIER Sophie : A la source des nuages - Moana 3 (44) 3 500 euros.

VERNETTE Véronique : Album sur un quartier d'Abidjan (42) 7 000 euros.

Ces 28 bénéficiaires en Littérature jeunesses se sont partagés 315 000 euros.

L'album sur un quartier d'Abidjan de Véronique VERNETTE sera-t-il plus intéressant que mon témoignage ?

Littératures étrangères

BOKOV Nicolas : De la part du destin (projet de roman en russe) (75) 7 000 euros.

DE FRANCESCO Alessandro : La vision à distance (prose-poésie semi narrative, poèmes et textes visuels) (75) 7 000 euros.

KIRIKKANAT Iclal Mine : Projet de roman policier en langue turque (75) 7 000 euros.
RODRIGUEZ LINAN Miguel : Projet de roman en espagnol (13) 3 500 euros.
SARTORI Giacomo : Projet de roman en italien (75) 14 000 euros.
SEN Urmimala : Projet de roman en anglais (75) 3 500 euros.

Ces 6 bénéficiaires en Littérature étrangères se sont partagés 42 000 euros.

Poésie

BENAZET Luc : Projet sans titre (75) 3 500 euros.
BOUQUET Stéphane : Les amours suivants (75) 14 000 euros.

CHAMBARD Claude : Un nécessaire malentendu, V : Tout dort en paix, sauf l'amour (33) 7 000 euros.
COURTADE Fabienne : Le livre à venir (75) 28 000 euros.
COURTOUX Sylvain : Stilnox et Poète, c'est crevé (87) 7 000 euros.
CREMER Stéphane : Compost / Composta poème traduit en portugais du Brésil (75) 7 000 euros.
DEMANGEOT Cédric : Une inquiétude (09) 14 000 euros.
DIESNER Sébastien : Pamela (Belgique) 7 000 euros.
DOYEN Franck : Littoral (54) 7 000 euros.

DUMOND Frédéric : Attracteurs étrangers (93) 3 500 euros.

FUSTIER Romain : Mal de travers Infini de poche (03) 7 000 euros.

GRIOT Fred : UUuU (75) 7 000 euros.

JOURDAN Michel : Passerelles en brins de raphia vers d'incertains campements (34) 7 000 euros.

KAWALA Anne : Limites (75) 7 000 euros.

LAABI Abdellatif : Recueil de poésie (94) 14 000 euros.

LE CAM Claire : Quand les seins rebondissent et que brame le cerf (93) 3 500 euros.

LE DEZ Mérédith : Couteau de la nuit (22) 3 500 euros.

LEBRUN Guillaume : Sans titre (75) 3 500 euros.

LOIZEAU Sophie : La femme lit écrit (78) 7 000 euros.

MARTINEZ Cyrille : Jeune artiste poète inédit Un homme à la batterie (75) 7 000 euros.

MWANZA MUJILA : Fiston Le fleuve dans le ventre (Autriche) 3 500 euros.

PADELLEC Lydia : Poètes. Anthologie de poésie contemporaine (40 poètes) associée à des poèmes de l'auteure (78) 3 500 euros.

PENNEQUIN Charles : Trou type (59) 14 000 euros.

RANNOU Franck : Rapt (35) 7 000 euros.

ROUSSET Marie-Claude : Conversation avec plis (63) 14 000 euros.

ROUZEAU Valérie : Autoportrait(s) avec ou sans moi (93) 28 000 euros.

STUBBE Gwenaëlle : Mater est filius (75) 14 000 euros.

SUCHERE Éric : Deux projets : Mystérieuse et Time capsule (75) 7 000 euros.

TARDY Nicolas : Paysage avec caméras (13) 7 000 euros.

TSAKANIKAS-ANALIS Demetre : Les hommes, le temps, les lieux (Grèce) 7 000 euros.

VILGRAIN Bénédicte : Une grammaire tibétaine : du chapitre 9 au chapitre 10 (21) 7 000 euros.

Ces 31 bénéficiaires en Poésie se sont partagés 276 500 euros.

Roman

ADAM Philippe : Jours de chance Du Sexe ou pornotypes (75) 14 000 euros.

AGRECH David : China club (95) 3 500 euros.

ALBERT Jean-Max : Les Querpéens, tome 2 (75) 3 500 euros.

ARFEL Tatiana : Aurélien ou quand je n'étais pas là (34) 7 000 euros.

ASTIER Ingrid : Angle mort (75) 3 500 euros.

BEAUNE François : L'entresort, histoires vraies de Méditerranée (69) 14 000 euros.

BELASKRI Yahia Sebdou 1894 (75) 7 000 euros.

BENINCA Lise : Roman autour de trois personnages : un artificier, un non voyant et une femme âgée (75) 7 000 euros.

BENMILOUD Yassir : Si Dieu peut (75) 7 000 euros.

BERGAMINI Alexandre : Autobiographie fantasmée

abordant entre autres les thèmes du voyage, de l'amour et de la dépression (01) 14 000 euros.

BLOTTIERE Alain : Roman enchevêtrant les univers de deux adolescents, l'un vivant à Paris en banlieue résidentielle et l'autre au Caire dans une banlieue misérable (75) 14 000 euros.

BON François : Autobiographie des objets (37) 14 000 euros.

BORATAV David : La vie artistique (roman d'apprentissage d'un jeune européen ambitieux) (75) 3 500 euros.

BUISSON Laure : Roman autour de Jeanne de Belleville, fille et épouse de seigneurs bretons du XIVe siècle (75) 7 000 euros.

CALIGARIS Nicole : 1003 (roman formé de récits autonomes nés d'une brève de presse) (75) 7 000 euros.

CHATELIER Patrick : Trois pères (93) 7 000 euros.

CHIARELLO Fanny : Roman présentant un groupe d'amis soudés autour d'une obsession commune : la culture populaire américaine, musicale en particulier (59) 14 000 euros.

CHOLODENKO Marc : Projet portant sur l'imitation, le faire comme si (75) 28 000 euros.

CLERC Agnès : Le gréeur (75) 7 000 euros.

COMMERE Hervé : Roman policier sous la forme d'une longue lettre que le narrateur adresse à sa femme (35) 3 500 euros.

CONDOU Isabelle : Un pays qui n'avait pas de port (33) 7 000 euros.

DA SILVA Didier : Récits du promeneur nocturne (13) 7 000 euros.

DAKPOGAN Habib : Le colonel civil (Benin) 7 000 euros.

DESBETS Alexandre : 1er volume de la trilogie Mama (œuvre d'anticipation cyberpunk) (84) 7 000 euros.

DIVRY Sophie : La condition pavillonnaire (69) 3 500 euros.

DOUIBI Rabéa : Le vent de la discorde (Algerie) 3 500 euros.

EID Nadine : Un silence de terre rouge (récit de voyage à Madagascar dont le noeud central est un meurtre) (75) 3 500 euros.

FRADIER Catherine : Le stratagème de la lamproie (roman d'espionnage) tome III de la trilogie Cristal Défense (26) 7 000 euros.

GALLOIS Anne : Pauvre petit village riche (75) 7 000 euros.

GAUDY Hélène : Un roman sur l'imposture à partir d'un fait divers : un jeune adulte se faisant passer pour un adolescent disparu (75) 7 000 euros.

GENDRON Sébastien : Révolution (33) 7 000 euros.

GRANDJEAN Julien : La gueule du loup (54) 7 000 euros.

GUEZENGAR Claire : Soins intensifs dandy (75) 7 000 euros.

HENRY Léo : Hildegarde (67) 7 000 euros.

HIRSCH Mikaël : Notre Dame des vents (75) 3 500 euros.

HOMASSEL Anne-Sylvie : Zang (roman mêlant anticipation et fantastique) (94) 7 000 euros.

JAN Guillaume : En morceaux (75) 3 500 euros.

JANNIN Bernard : Vie très intime d'H.P (75) 7 000 euros.

JULLIEN Michel : Roman autour du travail de copiste de Raoulet d'Orléans (75) 7 000 euros.

KHELIL Mourad : Portrait de jeune fille en folle (75) 3 500 euros.

KLOETZER Laurent : Anamnèse de Lady (Suisse) 7 000 euros.

LARNAUDIE Mathieu : Acharnement (roman explorant la question du langage politique) (75) 7 000 euros.

LEFEBVRE Noémi : L'état des sentiments à l'âge adulte (roman évoquant la période contemporaine sous le regard d'un vieillard et de ses deux aides à domicile) (38) 3 500 euros.

LUCAS Claude : Fiction : récit de l'enquête d'un détective autour du mystérieux expéditeur d'une lettre inquiétante (29) 7 000 euros.

MARGUERITE Dominique-Margot : Roman : une vieille femme, son fils et son petit fils un dimanche dans un appartement (46) 3 500 euros.

MARTENS Michel : Le marteau de Dieu (75) 7 000 euros.

MASSERA Jean-Charles : Bon sinon, par rapport aux nanas qu'est ce qu'on fait ? (75) 14 000 euros.

MBAYE BILEOMA Marietou : Cac(a)phonies (Senegal) 7 000 euros.

MEDDI Adlène : 1994 (regard porté par des lycéens transformés en barbouzes sur les violences des années 1990 en Algérie) (Algerie) 7 000 euros.

MINARD Céline : Great smokings mountains (75) 7 000 euros.

NOLLET Estelle : Roman autour d'un gardien de parc en Afrique noire (91) 14 000 euros.

OTTE Jean-Pierre : L'amour, une affaire française (46) 14 000 euros.

PARISIS Jean-Marc : Roman sur l'exil intérieur et physique, le voyage en soi et la traversée géographique de quelques frontières (75) 7 000 euros.

PESSAN Eric : La marée des ancêtres (44) 7 000 euros.

RADFORD Daniel : Le mainate (75) 3 500 euros.

RANDOIN Romain : No present (portrait des années 1990 en France par une galerie de personnages décalés, drôles et tragiques) (69) 3 500 euros.

ROZIER Gilles : Daltonien (75) 7 000 euros.

SABATIE Emmanuel : La neige ne fond pas au soleil (66) 7 000 euros.

SAGALOVITSCH Laurent : Un juif en cavale (92) 7 000 euros.

SALAUN Lionel : Roman se situant en France dans les années 50 et ayant pour cadre une cité populaire (73) 3 500 euros.

SASSI Marie-Bénédicte : La mémoire de la goutte d'eau (75) 3 500 euros.

SEONNET Michel : Roman sur une femme partant au Maroc à la recherche d'anciens soldats goumiers de son père disparu en Indochine avant sa naissance (91) 14 000 euros.

SEVESTRE Alain : Scott (75) 28 000 euros.

SPILMONT Jean-Pierre : Maria (73) 7 000 euros.

TRAN-NHUT Thanh-Van : Roman mêlant histoire, sciences et fantastique, se déroulant au XIXe siècle à Hong Kong (94) 7 000 euros.

ULYSSE Louis-Stéphane : Sorcier blanc (75) 14 000 euros.

VENTURA Avril : Roman : questionnement sur la folie à travers le parcours de Paul, le personnage principal (75) 3 500 euros.

VILAIN Philippe : Roman sur les amours contrariées de Raphaël, universitaire français et de Francesca, étudiante italienne (75) 7 000 euros.

VISCOGLIOSI Fabio : Agents doubles (69) 7 000 euros.

Ces 69 bénéficiaires en Roman se sont partagés 539 000 euros. Finalement, c'est sûrement le bon chiffres de subventionnés. Il faut qu'un chiffre parle !

Théâtre

AZIZI Lazare : Rabah Robert touche ailleurs que là où tu es né (75) 7 000 euros.

CHENEAU Ronan : Nouvelles vagues (75) 7 000 euros.

HADJAJE Jacques : La joyeuse et probable histoire de Superbarrio, que l'on vit s'envoler un soir dans le ciel de Mexico (94) 3 500 euros.

LEMOINE Jean-René : Autoportraits rêvés (75) 14 000 euros.

MADANI Ahmed : Je marche la nuit sur un chemin mauvais (78) 14 000 euros.
MILIN Gildas : Toboggan (93) 7 000 euros.
NOZIERE Anna : La petite (33) 3 500 euros.
PELLET Christophe : Le jour où je serai vivante (75) 14 000 euros.
PIERRE Sabryna : Sauve-qui-peut Sara (69) 3 500 euros.
RICHARD Dominique : Premiers engagements (92) 14 000 euros.

Ces 10 bénéficiaires en Théâtre se sont partagés 87 500 euros.

43 bénéficiaires en Bande dessinée se sont partagés 353 500 euros.
28 bénéficiaires en Littérature jeunesses se sont partagés 315 000 euros.
6 bénéficiaires en Littérature étrangères se sont partagés 42 000 euros.
31 bénéficiaires en Poésie se sont partagés 276 500 euros.
69 bénéficiaires en Roman se sont partagés 539 000 euros.
10 bénéficiaires en Théâtre se sont partagés 87 500 euros.

47 bourses de découverte à 3 500 euros.
89 bourses de création à 7 000 euros.
43 bourses de création à 14 000 euros.
8 années sabbatiques à 28 000 euros.

Mettre le doigt dans un engrenage en pensant rester libre de le retirer à tout moment...
Ainsi se consomme la première dose.
Ainsi se signe un premier contrat de salarié.
Qui voudrait d'une vie de junkie ?

J'ai des difficultés à comprendre comme à 20 ans on peut se projeter sans vertige, avec joie, dans un avenir de 40, 42, 45 ou 50 ans de salariat. Avec pour plus grande hantise le chômage ! Même avec des congés payés et de nombreux avantages (tout le monde n'en a pas autant qu'à la sacem), dont un salaire historiquement disproportionné, sans réelle relation, avec le travail effectué.
Le couple est bien souvent un engrenage. Le mariage devrait être interdit avant 40 ans ! Mariage pour tous mais pas avant 40 ans. C'est déjà tellement difficile une rupture. Alors quand en plus le divorce, la maison, les enfants, les chiens, les chats s'ajoutent...
Engrenages où l'on reste souvent paralysé faute de se sentir la force de s'extraire. Malgré la compréhension des engrenages, nous construisons tous notre petite prison, avec de petites lâchetés, des facilités, de l'aquabonisme, une crainte du futur (comme s'il nous appartenait !).

90% des textes ou photos publiés depuis 2011, je n'aurais pas pu m'en permettre le lancement en papier. Je suis entré dans une nouvelle période de ma vie. Où les phases de respiration entre « les grandes aventures » (les romans, les pièces de théâtre, les essais) aboutissent généralement à de nombreuses publications. Même les pauses durant le travail romanesque permettent d'accroître le catalogue. Oui, il est parfois possible de "mettre en ordre" un document rapidement... comme un recueil de photos quand "il suffit" de puiser dans un stock réalisé durant des années... Le livre d'art, faute de réelle rentabilité, fut un des versants de l'auto-édition papier. Je ne m'y suis jamais adonné, faute de moyens. Dans ce secteur, certains refusent également le numérique : possibilités trop limitées par rapport au papier... alors qu'il s'agit simplement d'expérimenter d'autres critères. Impression que ces créateurs se sont bloqués dans une matière (le papier), y ont conformé leur art et oublient la création !

Mes livres d'art (*les pommes de décembre, Quercy : l'harmonie du hasard, la beauté des éoliennes...*), tout comme ceux de photos (Cahors, Montcuq, Saint-Cirq-Lapopie...) connaissent une audience encore très limitée. Non rentables au sens comptable (si je souhaitais m'accorder un vrai salaire !). Je vis de peu. De très peu. Il s'agit certes d'essayer d'obtenir un revenu décent mais sans perdre la liberté de l'édition indépendante. Ces ebooks me permettent de progresser dans l'approche de la photographie, aiguisent mon regard. Je ne vois plus la campagne de la même manière. Quelques exemples, des inédits : un coquelicot, un artichaut, un tournesol, une chatte, une ruine du Quercy...

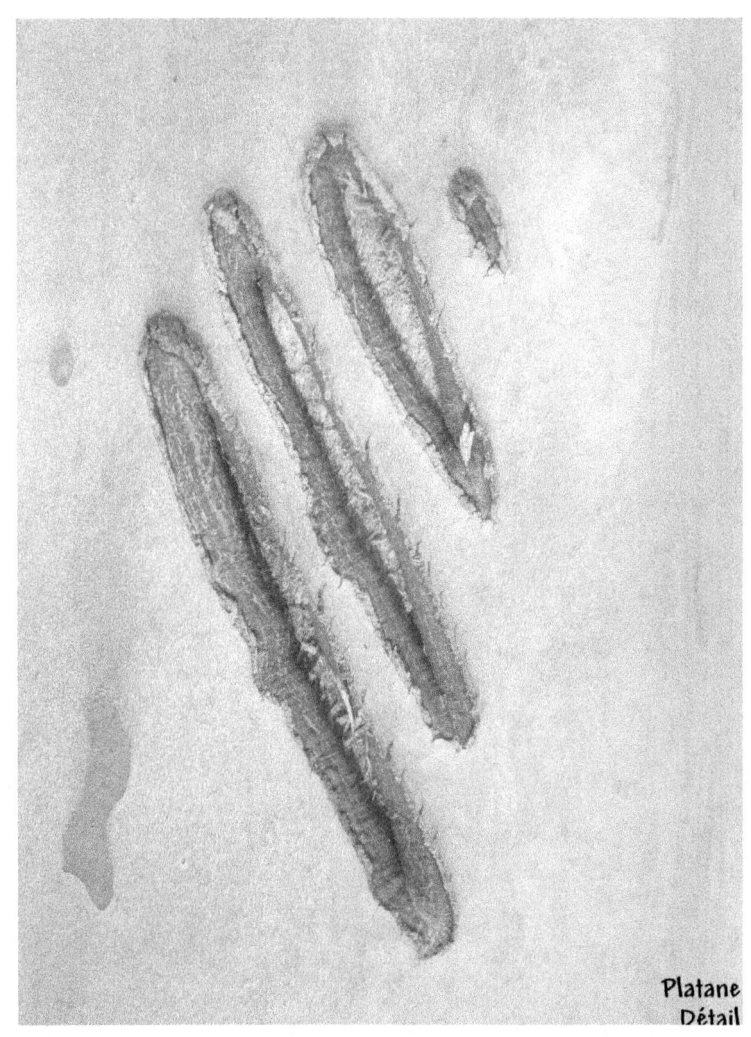

Platane
Détail

L'auto-édition, c'est également la possibilité de publier ces photos. Faute de cette perspective, il n'est pas certain qu'un appareil m'accompagnerait quasi quotidiennement. Quel plaisir de donner du sens à la marche médicalement nécessaire (pour éviter dans quelques années les médicaments du travailleur intellectuel sédentaire).

Devant ces photos, vous pouvez vous exclamer « dommage que ce ne soit pas un livre en papier ! » Mais réouvrez un vieux bouquin de photos des années même 1990 et regardez bien : comme elles sont ternes, le plus souvent, ces images. Oui la photo numérique a balayé l'argentique, comme l'ebook date le papier, comme le cinéma parlant est devenu « le cinéma » en remplaçant le muet. Il s'agit du même principe, même si cette logique dérange les installés obnubilés par la possibilité d'en vivre au moins jusqu'à leur retraite !

Quant à ces photos, dont vous pouvez regretter « la qualité », celle du nombre de pixels dans un ebook, vous pouvez en acquérir un exemplaire unique, signé et numéroté, au format initial (sur www.galerie.me), pour ensuite l'imprimer à volonté. Photos d'art. Pour l'instant, chacune des photos est proposée en dix exemplaires. Il existe un marché des photos d'art, je ne suis pas certain que mon approche convienne également aux installés !

2014 : ce livre devient disponible en papier... mais l'intérieur en noir-et-blanc... Pour éviter un coût disproportionné dans un livre est les photos sont rares... Elles perdent ainsi leur couleur... En numérique, la couleur ne génère pas de surcoût... alors qu'en papier le prix de revient est doublé...

Cette nouvelle période me convient. J'ai enfin l'impression d'atteindre un sentier désiré. Je me sens en phase avec mes aspirations. Mais les rentrées financières ne suffisamment plus pour vivre de peu. "Avant", entre chaque grande aventure d'écriture, j'accordais du temps aux activités rentables qui passaient, ce furent les jeux de France-Abonnement (au temps où de véritables recherches permettaient de trouver des réponses utiles) ou les sites Internet. J'ai ainsi tenu ! 20 ans que je suis "sorti du système." Exit le salariat. T'as voulu vivre autrement, bien fait pour ta gueule ! Oui, l'échec de la "marginalité" (ce que j'appellerais plutôt la vie normale, la moins possible embrigadée) suscite toujours des petits sourires de satisfaction chez de bons contribuables.

Comment appellerons-nous "le livre numérique" dans 20 ans ? J'utilise l'américanisme "ebook", forcément. J'ai créé www.livrel.info et www.salondulivrel.com mais cette dénomination ne prend pas. Comme "elivre", "livre électronique" ou "livre dématérialisé."

Livre pixel me plait également... mais pas vous !
Le futur nom semble évident : livre.
La voiture motorisée est devenue la voiture.
Le cinéma parlant est devenu le cinéma.
La photo numérique est devenue la photo.

Contrairement à ce que d'aucuns voudraient nous faire admettre, le livre n'a pas attendu Gutenberg pour exister.

Livre, nom masculin, 1080, du latin liber "écorce, feuille de liber", sur laquelle on écrivait avant la découverte du papyrus.

Paul Veyre, utilise déjà "livre" dans les traductions de Sénèque, qui écrivait en latin (plutôt qu'en grec) au début de notre ère. Alors qu'il s'agissait de "rouleaux."

Le livre, c'est le contenu plus que le contenant. Et c'est "le contenant" le plus utilisé, le support principal.

Ainsi, nos descendants utiliseront le terme "livre en papier" pour les bouquins des musées (et ceux des souvenirs conservés de notre héritage) comme nous parlons de "cinéma muet" pour ce qui fut le cinéma.

Le Robert donne en exemple tiré de la Bible « le ciel se retira comme un livre qu'on roule. » Le livre se roula, il se feuillette, il défilera sur nos écrans.

Chaque progrès semble nécessiter l'ajout d'un nom, comme en 1478 commença à se répandre le terme "Livre d'impressure"... Ne cherchez plus !

Cette question de l'argent nécessaire

Seule la question de l'argent indispensable perturbe donc vraiment ma créativité. Vraiment, car il existe "naturellement" d'autres soucis, genre sentimentaux... Je ne suis pas stoïcien au stade où le rêva Sénèque, sans y parvenir lui-même. Puisqu'il paraît que je raconte ma vie, lisez le sixième roman ! Mais tout sert et servira.

Tout (ou presque toujours) sera publié.

Même les échanges avec Martin Malvy, Gérard Amigues...

Ces gens-là, d'ailleurs, leur avis m'importe si peu que seule l'envie de montrer des élus sous leur plus beau jour (rectification de la phrase initiale) me pousse à continuer les échanges.

Parvenir "rapidement" à 1000 ventes mensuelles me semble raisonnable. Je sais qu'il s'agit de franchir un tunnel vers ce nouveau modèle économique. J'ai essayé de l'expliquer au CRL, Centre Régional des Lettres, mais ses salariés comme son président semblent aux ordres de Martin Malvy... Et pour ce vieil homme de la politique, soutenir les éditions Privat, du groupe pharmaceutique Pierre Fabre semble préférable. Il est vrai que les éditions Privat ont publié son livre sur la décentralisation et que Pierre Fabre s'est également diversifié dans les médias, avec 6% de la Dépêche (où M. Malvy débuta sa carrière). Lire "*Quand Martin Malvy publie un livre : questions de déontologie*"

Faute d'aide financière durant la traversée du tunnel, j'ai envisagé de quitter ce département où je me sens bien malgré la pollution politique (*Contrairement à Gérard Depardieu, dois-je quitter la France ? www.utopie.pro*).

Ainsi, pour la première fois, mes pieds ont foulé la terre d'Afrique. Et si mon avion fit escale au Burkina Faso, c'est en Côte d'Ivoire que se déroula cet événement. Evénement de ma vie, dont les conséquences me semblent encore difficiles à exposer...

Quand le Qatar dépassera les 50% de Lagardère, Grasset et Fayard deviendront des maisons qataries...

Le Qatar se définit comme un « *investisseur avisé* » chez Lagardère, avec des intentions « *amicales* »... selon Arnaud Lagardère. En 2013, il est déjà le premier actionnaire du groupe, à certes "seulement" 12,83%.

« *Dès leur arrivée chez nous, en 2006, les intentions des Qataris ont été amicales et inscrites dans la durée. Ils ont approuvé notre stratégie de recentrage dans les médias et nous ont soutenus dans les moments difficiles (...) Je ne vois aucune intention hostile. Il faut apprendre à les respecter !* » (Arnaud Lagardère, toujours, en juin 2013)

Samedi 22 juin 2013, François Hollande était à Doha... Normal, ne semblent pas avoir remarqué nos chroniqueurs avisés : sa compagne et la ministre de la Culture sont en contrat avec Lagardère. Valérie Trierweiler (présente lors de ce voyage) chez *Paris-Match*, notre Aurélie chez *Stocks*.

Résumé : « *Excellentes relations* » avec un pays « *ami.* »

Remarque à méditer au sujet des 12 milliards d'euros (en cinq ans) d'investissements de l'émirat en France, lors de son allocution devant la communauté française à Doha : « *les investissements venant du Qatar en France sont les bienvenus et je ne veux pas les réduire simplement à telle ou telle dimension - immobilier ou le sport. Nous sommes conscients, qu'il y a bien des industries, des services où nous pouvons coopérer, avoir des partenariats.* »

L'art d'occulter que Lagardère possède le mastodonte Hachette... Discrétion préférable...

Le Qatar organisera le Mondial de football en 2022. Et le salon du livre de Paris avant ? Aurélie Filippetti pourra alors y arborer son maillot de David Beckham. La boucle sera bouclée, les écrivains seront un peu comme des footballeurs, certains peut-être au même salaire... S'ils cumulent signature de livres et ministère ? Qu'en pense Michel Houellebecq ? Il s'auto-éditera également ? Nous graverons "*auto-édition, j'écris ton nom*" sur les arbres de notre pays d'asile ?

Là, je vais trop loin ? Si seulement je n'étais pas le seul à remarquer la présence choquante d'une auteur Lagardère rue de Valois ! Mais « *y'a basta Aurélie Filippetti* » reste invisible... www.pamphletaire.com

Les journalistes ont suffisamment de travail avec les œuvres de leurs amis...

Auto-édition numérique : le premier qui dit la vérité...

Il faudrait donc accepter de réduire l'auto-édition à la plateforme publishing d'Amazon ?

Il semble y avoir un problème sur Amazon avec le guide de l'auto-édition numérique ! Observez les commentaires... négatifs... et visiblement "fermés" depuis bien longtemps... Trois négatifs par des internautes qui ne semblent pas l'avoir acheté ! Aucun "*Achat authentifié par Amazon*" comme par exemple sur les commentaires de "*peut-être un roman autobiographique.*" Il m'a même été signalé un avis 5 étoiles resté quelques heures, rapidement effacé. Bizarre... Je n'ai malheureusement pas les moyens médiatiques de m'attaquer à cette énième montagne ingravissable.

La liberté de vous présenter mon activité musicale...

Auteur de chansons.
Le CD "*Vivre Autrement (après les ruines)*".
Cinq ans après "*Savoirs*".
Une démarche d'albums d'auteur unique en France, avec un nouveau groupe également intitulé "Stéphane Ternoise" : deux chanteuses (Lor et Magali Fortin), quatre chanteurs (Blondin, David Walter, Dragan, Yann Ferant)

1) On laisse détruire l'indispensable - David Walter
2) Justice j'écris ton nom - Blondin
3) Les lois du marché de la création - Dragan
4) Manipulés - Lor
5) Une seule et même couleurS - Magali Fortin
6) Amour Encore une nuit sans toi - Dragan
7) Silicone - Yann Ferant
8) Les tortionnaires de la terre - Blondin
9) T'as choisi - Dragan
10) Une usine à rêves - Lor
11) Celui que je serai - David Walter
12) Continuer d'y croire - Yann Ferant
13) Les ruisseaux - Blondin
14) Vivre autrement - Lor

J'envoie aux principaux médias, aux radios nationales, l'album, avec une courte présentation, une page, essayant de placer le maximum d'informations sur l'ensemble de mes activités.

Envoyer plus d'une page ne servirait à rien. Qui les lirait ?

Effectuer cet envoi m'apparaît comme un acte purement nécessaire et quasi inutile, réalisé par "acquis de conscience", surtout respect envers les artistes de cet album mais je doute qu'il puisse en découler la moindre diffusion avec paiement de droits sacem, le moindre article. Même si l'une des personnes qui ouvrira cette lettre suivie écoutait cet album, et oh miracle l'appréciait, dans quelle case le ranger ? Comment le présenter, le diffuser ?

Les grands journaux, les grandes radios, sont organisés sans place pour un créateur de mon genre, que ce soit en musique, roman, théâtre, ou essai.

Naturellement, un miracle peut survenir : que cet album arrive au moment où il permettra à un journaliste d'illustrer une conviction.

Rien n'a vraiment changé depuis l'observation de Coluche *"Les journalistes, ils viennent quand une pièce a beaucoup de succès. Seulement, une fois que ça marche, on n'a plus besoin d'eux."*

Si un miracle se produisait ailleurs (de fortes ventes, un artiste remarqué sur scène...) naturellement les journalistes se rattraperaient, sans se soucier ni même culpabiliser de leur longue indifférence. C'est ainsi.

Donc il faut trouver le temps, l'argent et le courage pour envoyer !

Nous vivons une époque sclérosée et malheureusement Internet est tombé entre les mains des grands hypnotiseurs qui en font leur beurre et fortifient leur prédominance.

Mais c'est de gestes totalement inutiles que nous vivons... Alors mieux vaut en avoir pleinement conscience, finalement. Ce qui permet une forme de détachement dans le lancement de ces billets de loteries au sens stendhalien...

2013 semble dans la lignée de 2012 au niveau de l'écriture de textes de chansons. Heureusement, Blondin me propose régulièrement des idées... et parfois d'autres naissent de nos dialogues. Il est devenu "le chanteur" de mes textes. Comme vous pouvez le constater, il y en a d'autres... mais lui est lancé dans une volonté de défendre sur scène nos chansons... J'aurais sûrement l'occasion de publier sur ce "couple musical" que nous constituons... Donc, des textes qui ne semblent pas devoir figurer à son répertoire... Des textes qui ne sont pas "mon style" pourtant... Très différents de "*Vivre autrement*"...

Tiens, encore un !

Tiens, encore un !
Pourtant il parlait bien
Dans son vocabulaire il plaçait même "justice"
Mais il skiait hors pistes

Tiens, encore un !
T'inquiète pas j'me retiens
J'vais pas les mettre tous dans l'même sac tous pourris
Même quand m'en vient l'envie

C'est pas qu'un homme qui tombe
Ce sont nos illusions qu'on plombe
Peut-on croire en quelqu'un
Dont le nom est inscrit sur un bulletin ?

Vlan, qu'est-ce qui s'prend
Hier z'étaient du même camp
Si y'était un peu moins arrogant l'bouc émissaire
J'lui offrirais une bière

Tiens, encore un !
Y'en faut dans chaque rang
Vivement une star Ac des magouilleurs et complices
À Fleury-Mérogis

C'est pas qu'un homme qui tombe
Ce sont nos illusions qu'on plombe
Peut-on croire en quelqu'un
Dont le nom est inscrit sur un bulletin ?

Je sais, on ne dit plus, "tous dans le même sac" mais "tous chez Cahuzac."

Abadabiou

Du bruit
Brise monotonie
Qu'est-ce qu'une chanson ?
Qu'en attend-on ?

Des cris
Big bang batterie
Mais augmente le son
Mets d'la pulsion

Faut faire frémir
Les gens viennent se divertir
Les envouter
Avec des formules à s'approprier

Ba-bibi-bou Abadabiou
Autrefois y'avait sésame ouvre-toi
Ba-bibi-bou Abadabiou
On sait pas pourquoi mais y'a de la joie

Si j'dis
Sortir le pays
De la récession
D'la concussion

Tu cris
C'est pas un amphi
Arrête tes leçons
On veut du son

Faut faire frémir
Les gens viennent se divertir
Les envouter
Avec des formules à s'approprier

Ba-bibi-bou Abadabiou
Autrefois y'avait sésame ouvre-toi
Ba-bibi-bou Abadabiou
On sait pas pourquoi mais y'a de la joie

Ba-bibi-bou Abadabiou
Ba-bibi-bou Abadabiou
Ba-bibi-bou Abadabiou
On sait pas pourquoi mais y'a de la joie
Ba-bibi-bou Abadabiou

S'enraciner ailleurs

S'enraciner
Où l'on est tombé
C'est depuis la nuit des temps
Le destin naturel de glands
Mais l'homme sait qu'il peut faire pousser
Un chêne une forêt où bon lui plaît
Il choisit le meilleur endroit
Pour que ses arbres poussent bien droit
Il leur préfère une terre profonde
Juste ce qu'il faut d'eau, où les minéraux abondent
Mais quand il s'agit de sa propre vie
Le réflexe du gland resurgit
Vieillir là où l'on est tombé
Quand on s'y sent très bien c'est parfait
Sinon mieux vaut prendre un camion
Emmener chats et chiens dans une autre région
S'enraciner et y donner de bons bourgeons

S'enraciner
Où bon nous plaît
Encore faut-il se les payer
Ses mètres carrés de liberté
Les hommes naissent inégaux en droit
Les tenir en laisse au même endroit
Au nom du travail à garder
Au nom du travail à chercher
C'est accepter qu'à la naissance
On te donner ou non les cartes chance
On n'a pas forcément tous envie

D'un appartement comme Aurélie
On s'loge dans les campagnes
Pour cent fois moins cher qu'dans leur seizième
Choisir de vivre loin des villes
Simplement pour y être peinard et tranquille
Pourtant j'vous l'avoue c'est pas tous les jours facile

Toute arrivée
Semble suspectée
Par les vieux chênes qui y sont nés
Au mieux regardent de l'autre côté
Plutôt qu'accueillir avec joie
Ces jeunes prêts à redynamiser l'endroit
On ne vient pas pour tout casser
On cherche juste la tranquillité
Alors faisons connaissance
Co-voiturage échange de fruits, que du bon sens
On n'est pas là pour se pourrir la vie
Ni pour choisir entre vos conflits
Vos vieilles querelles de voisinage
On s'en fout comme du maquillage
On est partis des grandes villes
Simplement pour vivre peinards et tranquilles
Avec les yeux des enfants qui brillent, qui scintillent

Martin Malvy, le CRL et moi

Dans "*Contrairement à Gérard Depardieu, dois-je quitter la France ? (Exil littéraire au Burkina Faso pour les écrivains ?)*" sont détaillées mes relations avec le CRL depuis l'époque Alain Bénéteau jusqu'à l'actuel Michel Perez, président de cette « *association* » financée à 70% par la région (le reste semblant provenir de l'état via la DRAC).

Même s'il ne l'a pas signée, "sa" réponse du 13 février 2013 est suffisamment précise pour en conclure que M. Malvy a orienté la politique du livre depuis son élection à la tête de la région (1998) et qu'il l'assume sans chercher à biaiser avec des notions de "délégations." Ce qui a le mérite de la clarté.

Sans cette réponse, lui imputer cette politique aurait pu susciter des réactions du genre "monsieur Malvy a toujours délégué cette politique culturelle à l'élu Président du CRL." Il est possible que ces hommes aient pensé qu'après une telle réponse je "retournerais à mes chères études" (chercher un éditeur genre Privat ou Lafont par exemple !) et ni monsieur Michel Perez ni monsieur Hervé Ferrage [depuis remplace mais par un clone], son directeur, ne semblent décidés autorisés motivés (ou autre) à entamer un dialogue qui ne mènerait nulle part puisque ces gens-là peuvent se prévaloir de l'expertise de personnes considérées représentatives.

Oui, il suffit de réunir des notables qui pensent à peu près la même chose pour prétendre s'être appuyé sur des experts et ainsi marginaliser les gens qui osent ne pas penser comme le chef.

Commissions et consultations, c'est ainsi qu'on noie le poisson, passe discrètement ce que l'on souhaite imposer.

Monsieur Martin Malvy s'est imposé dans ma vie. Il en est devenu le symbole des blocages. Pourtant, il s'agit d'un « homme de gauche », selon la classification actuelle. Durant sa période de ministre du Budget, 1992 - 1993, quand le cumul des mandats suscitait peu de contestations, il était même également : conseiller général du Lot, Conseiller régional Midi-Pyrénées, maire de Figeac.

Arrivé en 1996 dans le Lot, j'ai découvert Figeac le 26 avril 1998. Martin Malvy, député-maire local, ancien Ministre du Budget, signait l'édito de la douzième fête du livre. Mon nom ne figurait pas sur le programme, conformément au document qu'il m'avait fallu retourner, accompagné d'un chèque de 80 francs pour obtenir une demi-table.

Nous, les indépendants, étions à l'écart, face à la vraie fête, celle des Yvette Frontenac, Georges Coulonges, Colette Laussac, Michel Palis, Michel Peyramavre (selon le programme, Michel Peyramaure en réalité), Michel Cosemm, Didier Convard, Serge Ernst, Laurent Lolmède, Didier Savard, Andrée-France Baduel, Laurence Binet,

Mohamed Grim, Christian Rudel, Amin Zaoui...
Sûrement de grandes plumes...
L'année suivante, j'ai refusé ce système. Je ne suis
donc jamais retourné à ce salon.

Le 5 février 1998, j'ai envoyé de Cahors le document
idoine, complété, accompagné du chèque numéro
461996.

12ème fête du livre de Figeac.
25 Avril : 14H30 à 19H
26 Avril : 10h à 12H30
14H30 à 18H

CONDITIONS D'INSCRIPTION DES AUTEURS
INDEPENDANTS

- Seuls les auteurs sont acceptés dans la limite des places
disponibles, (ni libraires, ni éditeurs).
- Tous les frais inhérents à cette manifestation sont à la
charge de l'acteur (transport, restauration, hébergement)
- Toute inscription devra s'accompagner d'un chèque à
l'ordre de "Lire à Figeac".
- Une table maximum par auteur :

* Lot : une table : 160Frs, une 1/2 table : 80Frs.
* Autres départements : une table : 320Frs, une 1/2 table :
160Frs.

- L'auteur aura à charge d'amener ses ouvrages, un
emplacement lui sera réservé.
- Le nom de l'auteur n'apparaîtra pas sur le programme.

- Le bénéfice de la vente de ses ouvrages lui reviendra en totalité.
- L'auteur devra se présenter à la Salle Balène, Quai Bessières, 13H30.
(l'ouverture au public se fera à 14H30)

Bulletin à remplir et à renvoyer à "LIRE A FIGEAC"
Boulevard Pasteur
46100 FIGEAC

Je reconnais avoir pris connaissance des conditions d'inscription et m'engage à les respecter.

La phrase *"seuls les auteurs sont acceptés dans la limite des places disponibles, (ni libraires, ni éditeurs)"* témoigne disons d'une imprécision dans la considération de cette activité, les auteurs indépendants, se trouvant être éditeurs, juridiquement.

Le 14-4-98 me fut envoyé de Figeac le programme *"Cultures et Droits de l'Homme"*, avec un petit mot manuscrit : *"Rendez-vous le samedi 25 Hôtel Balène (Quai Bessières) vers 14 h.*
A bientôt
DL"

Eh oui, on peut se gargariser des "Droits de l'Homme" et pratiquer l'ostracisme, la ghettoïsation, au quotidien.
Il s'agissait de ma première participation à un salon dans cette partie du Lot.

Ma jeunesse me permit quelques dialogues. Certains du genre « il faut guider le nouveau, lui expliquer les arcanes du métier, pour qu'il profite lui aussi de l'argent public, des bons repas, des hébergements... » Nous entrerons dans la carrière quand nos aînés reposeront au cimetière.

Et quelques aveux : « - T'as payé 80 francs mais ce que je vois, c'est qu'à la fin de la journée, tu repartiras avec de l'argent. Tandis que moi j'aurais bien mangé, je dormirai à l'hôtel mais je ne toucherai pas un centime des ventes. Bien sûr, il me reviendra 10% (ou 5 suivant l'interlocuteur) de droits d'auteur dans un an (parfois : si d'ici là mon éditeur ne ferme pas boutique). Et de toute manière, je ne saurai jamais combien ils en vendent réellement, nous n'avons aucun moyen de vérifier les chiffres. »

Je résumais dans un carnet : « Ils sont nourris par les subventions mais un libraire s'engraisse avec leurs ventes. »

Le 16 avril 1998 Martin Malvy fut élu président du conseil régional de Midi-Pyrénées. (il fut réélu le 2 avril 2004 puis le 26 mars 2010).

Lors de ce salon, je glanais quelques informations sur la politique du livre de la région. Certains attendaient des changements "maintenant qu'on est socialistes..."

Avant le lundi 7 janvier 2013, je n'avais pas remis les pieds à Figeac. Dans quelques jours je publierai le récit photographique de cette journée. Je doute fortement de pouvoir réaliser le projet "pharaonique" de présenter les 340 communes du département lotois (comme annoncé sur http://www.communes.info et débuté avec Beauregard, Saillac, Montcuq, Cahors, Saint-Cirq-Lapopie).

En juin 2002, dans *Le Webzine Gratuit* (http://www.lewebzinegratuit.com l'une de mes créations dans le but de devenir un média faute d'accès aux plus connus, mensuel délaissé, surtout faute de temps, malgré plus de 80 000 abonnés), en guise d'interview du mois, ce fut : l'attachée de la direction fantôme et les attachées de direction du Président en réunion... Récit de la tentative d'instaurer un dialogue avec monsieur Alain Bénéteau. Un jour, par mail, il a daigné m'accorder une courte réponse, il souhaitait me rencontrer... « *pour débattre de cette question* »... Et m'accorda un « *nous ne pouvons probablement pas rester sur une situation non évolutive.* »

Avril 2011, communiqué de presse du CRL Midi-Pyrénées, par l'intermédiaire de monsieur Hervé Ferrage, son directeur.
Sobrement intitulé : *"LE NUMERIQUE ET LES MÉTIERS DU LIVRE"* ; la création d'un groupe de travail régional sur le livre numérique. Leur objectif : un livre blanc.
Intéressant ? Qui, dans ce groupe de travail ? Des *"professionnels du livre et de la lecture."*

Deux membres de structures financées par la région Midi-Pyrénées : naturellement Hervé Ferrage, le directeur du CRL, dont l'approche pourrait ressembler à celle de Jean-Paul Lareng, directeur de l'ARDESI Toulouse (Ardesi, Agence Régionale pour le Développement de la Société de l'Information en Midi-Pyrénées, une association Loi 1901, créée et financée par la Région Midi-Pyrénées).

Quatre éditeurs : Patrick Abry, des *Editions Xiao Pan* de Figeac ; Marie-Françoise Dubois-Sacrispeyre, *Editions Erès* à Toulouse ; Philippe Terrancle, *Editions Privat* à Toulouse donc, et on peut classer Joël Faucilhon chez les éditeurs, étant donné qu'il représente *Lekti-ecriture* d'Albi (organisme qui rassemble 70 éditeurs indépendants selon leur site internet).

Trois libraires : Benoît Bougerol, président du Syndicat de la Libraire Française et directeur de *La Maison du Livre* de Rodez ; François-Xavier Schmitt, de *L'Autre Rive* à Toulouse ; Christian Thorel d'*Ombres Blanches* également de Toulouse.

Six représentants d'organismes publics au sens large : Michel Fauchié, de la Médiathèque José Cabanis à Toulouse, chargé des technologies numériques ; Marie-Hélène Cambos, des archives départementales de la Haute Garonne ; Frédéric Bost-Naimo, de la Médiathèque de Colomiers, noté *"bibliothécaire du secteur Musique"* ; Karine de Fenoyl, de la Médiathèque Municipale d'Albi, aussi responsable du secteur Musique ; Jean-Noël Soumy, conseiller pour le livre à la DRAC ; Sandrine Malotaux, directrice SCD de l'Institut national polytechnique de Toulouse.

Et un auteur, Xavier Malbreil, qui a donc accepté d'être "notre" représentant face à ces gens qui n'écrivent pas. Mais que les notables se rassurent, l'auteur n'est pas un de ces indépendants qui essayent de vivre de leur plume contre lobbies et préjugés, il enseigne, serait même critique d'art numérique et enseignant à l'université de Toulouse II-Le Mirail, auteur d'un livre intitulé *La Face cachée du Net*, publié en 2008 chez *Omniscience*. Cursus léger pour représenter les écrivains face à un tel cénacle mais sûrement suffisant pour le rôle du "bon auteur".

Observer la liste de ces *"professionnels du livre et de la lecture"* est suffisant pour connaître les grandes lignes du livre blanc qu'ils présenteront sûrement comme un document essentiel, remis à monsieur Martin Malvy et validé comme la nouvelle ligne directrice de la politique de la région en faveur du livre.

Ils peuvent même annuler leurs réunions et se contenter du communiqué de presse, des deux points : *"le numérique est devenu un enjeu central"* et *"les pratiques des lecteurs et leurs évolutions dicteront leur loi."*
Certes, ils confessaient immédiatement leur apriori

en écrivant : "*les libraires indépendants lancent leur portail de la librairie indépendante, 1001libraires.com, et défendent leur rôle indispensable de médiateurs.*"

En mai 2012, il était noté : "*D'ici l'été 2012, le groupe de travail proposera un ensemble de recommandations sous la forme d'un livre blanc du numérique*". Sans même nous fournir quelques-unes des grandes recommandations qui ne manqueront pas de révolutionner le secteur ! Depuis, rien de visible ! 2014 : sûrement noyé dans la Garonne...

Le Centre Régional des Lettres Midi-Pyrénées, selon sa présentation officielle, se prétend au cœur de la politique du livre en région, "*plate-forme d'échanges, de débats et de partenariats entre acteurs de la chaîne du livre. Qu'il s'agisse de conseil, d'expertise, de financement ou de mise en réseau, le CRL accompagne auteurs, éditeurs, libraires et professionnels des établissements documentaires de la région Midi-Pyrénées dans leurs projets.*"

La page "*missions*" le prétend : "*à l'écoute de leurs préoccupations en un temps où la révolution numérique transforme en profondeur les métiers du livre.*"

Qu'entend le CRL par "*Soutenir la création et la chaîne du livre*" ?
La réalisation d'études et l'attribution d'aides "aux acteurs du livre."

Qui sont ces acteurs du livre ?

- Auteurs : bourses d'écritures versées par le CRL pour favoriser la création littéraire en Midi-Pyrénées.

- Editeurs : présence à Vivons Livres ! Salon du livre Midi-Pyrénées, aides aux déplacements hors région (entre autres le Salon du livre de Paris), aides à la fabrication et à la traduction, toutes versées par la Région Midi-Pyrénées.

- Libraires : mise en place d'une politique d'aide à la librairie indépendante, financée majoritairement par la Région Midi-Pyrénées, avec le soutien de la DRAC.

Oui des librairies sont aidées avec de l'argent public, à l'heure où la numérisation, le changement de modèle économique, devrait être la préoccupation majeure.

Dans les **critères d'attribution des bourses d'écriture 2013** (bourses de 8 000 €, ce qui me permettrait de tenir durant cette période intenable), les auteurs-éditeurs, même professionnels, sont exclus d'une phrase : "*l'auteur doit avoir publié au moins un livre à compte d'éditeur (sous forme imprimée).*"

Certes ne figure plus dans la rubrique "Sont exclus :" la phase "*l'auto-édition (éditions à compte d'auteur et éditions à compte d'auteur pratiquées par un éditeur professionnel).*" Oui, le professionnalisme du CRL alla jusqu'à donner cette définition de l'auto-édition !

Encore fin 2011 début 2012, je suis reparti au combat de la demande de bourse (c'est fatiguant ! mais il le faut parfois pour présenter des faits concrets, des réponses). Il arrive un moment où le comportement de ces gens qui se gargarisent de soutenir la culture devient insupportable. Je n'avais aucun espoir qu'une employée du CRL prendrait la décision de lire mes livres pour faire remonter qu'il est scandaleux de ghettoïser un auteur dans une démarche audacieuse d'indépendance... Un mur, que cette responsable du dossier des bourses du CRL... Dans l'optique de publier cet échange, je m'adressais donc à monsieur Malvy.

M. Malvy Martin, Président du Conseil Régional
CONSEIL REGIONAL MIDI-PYRENEES
22, boulevard du Maréchal-Juin
31406 Toulouse Cedex 9

Montcuq le 16 janvier 2013

Monsieur Martin Malvy,
Monsieur le Président de la Région Midi-Pyrénées où je vis depuis 1996,
Monsieur le Président d'une communauté de communes du département où j'ai choisi de vivre,

Je pense avoir écrit quelques textes corrects, et faire correctement mon boulot d'écrivain, mériter ainsi un minimum de respect. Romans, essais, pièces de théâtre (certaines traduites en anglais et allemand), textes de chansons. Mes photos intéressent également, un peu.

Pourtant, quand je lis vos modalités d'attribution des bourses du CRL, je me sens insulté. Minable, l'écrivain indépendant qui souhaite vivre en modeste artisan de la plume, sans passer par les grandes fortunes de France, Gallimard, Lagardère, Esménard ou de La Martinière ? Minable, que d'être une profession libérale, auteur-éditeur ?

Vous avez choisi de mener une politique de soutien aux écrivains inféodés à ces groupes et aux libraires, qui vendent les produits de ces industriels de l'édition (« *industrie culturelle* » selon l'expression de madame la ministre Aurélie Filippetti devant le SNE). Est-ce cela être de gauche au vingt-et-unième siècle ? Pouvez-vous prétendre que la plume des bénéficiaires de ces 8200 euros ait produit des œuvres d'un intérêt supérieur à la mienne et qu'ils méritaient plus que moi un soutien ? Nous les indépendants, sommes des minables ? (j'utilise ce "nous" ès auteur du « *manifeste de l'auto-édition* »)

Vous n'avez pas l'impression que la petite phrase d'exclusion des écrivains professionnels, en profession libérale auteur-éditeur, témoigne d'une politique soumise aux oligarchies, à cette appropriation de la culture par des industriels ?

(Emmanuel Todd semble rejoindre mes vieilles analyses, quand il écrit « *la vérité de cette période n'est pas que l'État est impuissant, mais qu'il est au service de l'oligarchie* »)
Vous ne mesurez pas les conséquences sociales et humaines d'une telle politique ?

Depuis plus d'une décennie, j'essaye de demander une approche respectueuse des écrivains indépendants. Votre ami monsieur Alain Bénéteau, m'accorda en son temps de président du CRL, une formule que vous trouverez peut-être également jolie « *nous ne pouvons probablement pas rester sur une situation non évolutive.* » En dix ans, seul le vocabulaire de rejet des indépendants fut modifié [dans votre "*Sont exclus :*" figura la phrase "- *l'auto-édition (éditions à compte d'auteur et éditions à compte d'auteur pratiquées par un éditeur professionnel)*"] J'ai également en vain interpellé monsieur Gérard Amigues, représentant lotois au CRL.
Depuis plus d'une décennie, je vis de peu, le plus souvent sous le seuil de pauvreté. 2013 est financièrement intenable. Ce soutien du CRL représentait mon unique espoir de tenir. Quitter la France devient donc financièrement impératif. Vous vous en réjouirez peut-être. Puisque vous n'avez jamais daigné répondre directement à mes critiques. Mais il fut un temps où notre pays représentait une terre d'espoir et pour continuer d'écrire, vivre de mes ventes, je ne vois d'autre solution que l'exil, en Afrique.

Le "système des installés" a donc gagné : un écrivain qui ne se soumet pas aux oligarchies doit abandonner. C'est peut-être cette petite phrase sur les écrivains indépendants que retiendront de votre passage sur terre les générations futures. Être écrivain et vivre à la campagne, modestement, représentait un choix de vie (à 23 ans j'étais cadre dans une grande entreprise, bien que je sois né dans un milieu agricole, sans relations). Ecrivain et campagne, deux voies inacceptables ? Exemple pour la campagne, Alsatis, qui nous fut présenté, imposé, offert (les qualificatifs divergent), ce "haut débit" de campagne, ainsi noté sur un contrat spécifiant un débit maximum montant à 128 kbps.

Je n'étais pas retourné à Figeac depuis le 27 avril 1998, votre fête du livre où il m'avait fallu payer 80 francs pour obtenir un "strapontin". J'en ai fait une pièce de théâtre qui je l'espère nous survivra. Lundi 7 janvier 2013, j'ai photographié cette ville. Ce sera, symboliquement, sûrement une de mes dernières publications avant l'exil.

Je n'ai jamais participé (14 livres en papier publiés, une cinquantaine d'ebooks) au "*Salon du livre de Toulouse Midi-Pyrénées*" organisé par le CRL. « *Votre qualité d'auteur-éditeur ne nous permet pas de vous intégrer à ce Salon, qui est limité aux éditeurs professionnels de Midi-Pyrénées* » me répondait sa directrice en 1998, Laurence Simon. L'exclusion fut totale. J'ignore si d'autres professions ont eu autant à

133

souffrir de la politique régionale durant vos mandats mais vous ne nous avez rien épargné.

Oui, monsieur Malvy Martin, j'ai essayé une autre voie, car j'ai refusé un système qui confisque 90% des revenus des livres. Ces librairies que votre politique a soutenu, savez-vous qu'elles ont accepté la gestion mise en place par des distributeurs créés par "nos grands éditeurs" (naturellement, vous n'avez "sûrement" pas lu *"écrivains réveillez-vous !"*)

En agitant devant le nez des écrivains qui acceptent ce système inique (n'entendez-vous jamais les protestations d'écrivains qui acceptent ce chemin mais ne parviennent pas à en vivre, même à être certains des chiffres de vente ?) des bourses de 8000 euros (chiffre 2013), vous participez à la pérennité de ce système. Sommes-nous des ânes, monsieur Martin Malvy, pour que l'on nous (les écrivains) promène ainsi ?
Le livre numérique est une chance pour les écrivains. Mais ai-je été invité à participer au groupe de travail régional interprofessionnel sur le livre numérique *"LE NUMERIQUE ET LES MÉTIERS DU LIVRE"* ? La composition de ce groupe est significative des résultats qui souhaitaient être obtenus. Le livre numérique, oui, à condition qu'il soit contrôlé par les "éditeurs traditionnels" et permette aux libraires de continuer à vivre de ce commerce ?
Naturellement, je suis écrivain et comme Stendhal le plaçait dans la postérité, je vais lancer un dernier

billet de loterie dans le monde numérique, en racontant, tout simplement, cette lutte pour vivre debout, cet échec face à votre politique (ce "votre" englobe naturellement vos collègues mais je suis arrivé dans le Lot en 1996, deux ans avant votre élection à la tête du Conseil Régional donc nous aurez marqué ma période lotoise, il est donc normal que votre présidence soit abordée).

Même si, contrairement à madame Danielle Mitterrand et de nombreux membres du PS, je n'ai jamais eu de sympathie pour Fidel Castro, en ce début d'année, j'éprouve pour monsieur Gérard Depardieu une grande tendresse. Comme lui, je suis un être libre, Monsieur, et je sais rester poli.

Veuillez agréer, monsieur le Président de Région, mes très respectueuses considérations.

Stéphane Ternoise
http://www.ecrivain.pro
http://www.romancier.net
http://www.dramaturge.net
http://www.essayiste.net

Allusion à un recommandé du Conseil du Régional...

Dans la « lettre recommandée à monsieur Martin Malvy », a-t-il compris le « *puisque vous n'avez jamais daigné répondre directement à mes critiques* » comme une allusion au recommandé de mars 2010 envoyé par le conseil du Conseil Régional ?

Naturellement, il n'y a peut-être aucun lien entre les deux « affaires » mais en mars 2010, l'avocat du Conseil Régional m'envoya une lettre recommandée pour m'interdire d'afficher le logo du conseil régional sur conseil-regional.info, portail essayant d'observer les politiques régionales... Interdiction au nom de la contrefaçon alors qu'une recherche dans google.fr versant images de « logo région midi pyrénées » génère le 6 janvier 2013 plusieurs pages de réponses, alors qu'aucune des autres régions n'a mandaté d'avocat ni même envoyé de message pour s'opposer à la reproduction de leur logo.

Peut-être qu'aucun lien n'existe entre mes critiques de la politique de monsieur Martin Malvy et ce recommandé ! Je me demande néanmoins s'il ne s'agit pas d'une manière de me rappeler qu'on ne conteste pas sans conséquence un président de région de la qualité de l'ancien maire de Figeac.

Des pressions sur les écrits d'un auteur indépendant

Le premier qui dit la vérité... Certes, il ne s'agit pas de prétendre que tout écrit doit être accepté. Mais il s'agit de pouvoir analyser la politique (et les propositions commerciales) sans subir des pressions, qui naturellement dans mon cas ne vont pas m'amener à glorifier, par exemple, un président de Conseil Régional dont je conteste la politique, ou une prestation.

Les 14 et 21 mars 2010 se sont déroulées les élections régionales.

J'ai essayé, en vain, dans la région, d'alerter sur la politique du CRL.

L'histoire récente retient qu'il fut confortablement réélu, monsieur Malvy.

L'Histoire retiendra-t-elle que le 17 février 2010 fut écrit à Toulouse, par un avocat d'une société civile professionnelle d'avocat, un courrier destiné, en lettre recommandée, à Stéphane Ternoise.

Je ne l'ai réceptionnée à la poste de Montcuq que le 16 mars 2010.

Monsieur,

Je vous écris en ma qualité de Conseil de la Région Midi-Pyrénées.

Ma cliente m'a fait part des conditions dans lesquelles vous exploitez un site internet à l'adresse "conseil-regional.info" dans lequel vous utilisez sans son accord la marque et le logo de la Région Midi-Pyrénées.

Cette utilisation sans l'accord de ma cliente de sa marque protégée est constitutive d'un acte de contrefaçon au sens notamment des articles L.713-2 et L.713-3 du Code de la propriété intellectuelle ; les sanctions pénales étant précisées par les articles L.716-9 à L.716-14 du même Code.

Je vous mets par conséquent officiellement en demeure de cesser immédiatement d'utiliser cette marque et de la retirer dès réception de la présente de votre site internet.

Je vous précise qu'à défaut de réaction par retour, j'ai reçu instruction d'engager toute procédure visant à la sauvegarde des droits de ma cliente.

(...)

Il me priait de croire en ses sentiments distingués.

Le site http://www.conseil-regional.info contenait le logo de chacune des régions françaises.
J'ai remplacé celui de ma région par un carré blanc entouré de noir, avec noté en rouge "Midi-Pyrénées" et en noir "Logo Interdit". Et une explication. Si le logo est effectivement la propriété de la région, l'interdiction du nom de *"la marque"* pouvait sembler signifier l'interdiction d'utiliser le nom *"région Midi-Pyrénées."* Mais alors, comment nommer cette région ?

La région et l'avocat ont semblé satisfaits car ils n'ont pas poursuivi ! Mais je ne suis pas parvenu à populariser cette information...

Exigence de retrait pour "contrefaçon"... sachant que désormais les voitures de la région peuvent posséder sur leur plaque minéralogique ce logo, sachant que ce logo se trouve sur de nombreux sites (dont wikipedia...), cet avocat aurait dû, en toute logique, œuvrer à sa disparition, toujours abondamment repris trois ans plus tard ! Etais-je donc directement visé ? Est-ce plutôt mes informations qui dérangeaient ? Mais naturellement, il est peut-être difficile pour une région dirigée par un ancien journaliste (qui plus est dans ce très grand quotidien régional qu'est la *dépêche du midi*) de demander à un avocat d'attaquer des articles argumentés et non diffamatoires. Car naturellement, les faits sont suffisamment éloquents pour que leur simple énumération puisse embêter ! Malheureusement, il semble que notre époque aurait peut-être regardé mes écrits s'ils avaient contenu de la diffamation mais une information dans ce domaine de l'édition ne semble pas vraiment intéresser. Trop de situations acquises en jeu ?

Parfois l'envie me vient de ressortir du Coluche, comme dans *"les discours en disent long"* où il balançait « *si la Gestapo avait les moyens de vous faire parler, les politiciens d'aujourd'hui ont les moyens de vous faire taire* » mais je me retiens car nous sommes au vingt-et-unième siècle et les femmes et les hommes politiques de ce pays sont très attachés à la liberté d'expression.

La réponse "de" monsieur Malvy

Joël Neyen
Directeur Général des Services

Toulouse, le 11 FEV. 2013 (en dessous, du blanco masque le cachet de la date à l'envers)

Objet : VOTRE COURRIER DU 16 JANVIER

Monsieur,

Votre courrier visé en objet, et relatif à l'analyse que vous faites des différentes modalités de soutien à l'écriture et à l'édition en région, a retenu toute l'attention de Monsieur Martin Malvy, Président du Conseil Régional de Midi-Pyrénées.

A sa demande, je vous apporte les précisions suivantes. Dans le contexte fragilisé de la filière du livre et de la lecture, sur laquelle pèse plus que jamais les impondérables liés aux mutations induites par les nouvelles technologies et notamment, la perspective de l'émergence du livre numérique, la Région a choisi de concentrer son intervention en faveur des opérateurs les plus exposés, petites structures d'édition et librairies notamment, afin de conforter les conditions de leur activité en Midi-Pyrénées [remarque Ternoise : finalement, quel beau paragraphe, qui expose le conservatisme, la mise au service des installés de la puissance des services publics de la région, contre la possibilité d'une transformation ; pas un mot sur les écrivains : "petites structures d'édition et librairies"]

Cette décision est le fruit d'une concertation élargie entre les opérateurs professionnels concernés, le Ministère de la culture, le Centre Régional des Lettres et la Région, et prend en compte tant la viabilité économique de la filière que la qualité de sa production. [remarque Ternoise : il suffit de réunir des gens qui ont les mêmes intérêts, d'ignorer les autres, pour prétendre s'être concerté. Quant à la viabilité économique et la qualité de la production, je pense avoir exposé de manière éloquente pourquoi je me retrouve en situation de "faillite" sans que la qualité puisse être démontrée inférieure à celle des auteurs aidés.]

Dans ce contexte, des choix doivent être opérés entre les multiples demandes qui sont présentées à la Région, qui bénéficie pour cela de l'assistance d'un comité d'experts professionnels. Plus d'une centaine d'ouvrages sont ainsi soutenus chaque année. [remarque Ternoise : "un comité d'experts professionnels", sans écrivain indépendant, naturellement. De quels pouvoirs magiques sont dotés ces experts pour me juger sans m'avoir lu ?]

La publication à compte d'auteur est exclue, pour sa part, de ce système, car elle revient à la commande directe d'un auteur à l'éditeur, ce qui élude l'engagement personnel de l'éditeur en faveur du projet. Seules sont donc recevables les publications à compte d'éditeur. [remarque Ternoise : il semble donc que l'existence de la profession libérale auteur-éditeur soit niée, elle ne peut quand même pas être assimilée à du compte d'auteur par des hommes aussi compétents.]

Dans la mesure du possible, la plus grande promotion est faite aux auteurs et éditeurs dans le cadre du Salon du livre "Vivons livres", organisé chaque année au mois de novembre. [remarque Ternoise : "vivons livres", mais surtout pas libres ! Un écrivain doit se soumettre à la filière...]

Enfin, des bourses d'écritures sont attribuées, chaque année, pour valoriser le travail des auteurs de la région et contribuer à la promotion des œuvres littéraires. [remarque Ternoise : la lettre portait bien sur ce sujet. Mais l'absence de réponse pour les travailleurs indépendants est flagrante !]

Ainsi que vous le voyez, différents protocoles d'intervention sont à l'œuvre, en faveur de la filière du livre, qui bénéficient, au premier chef, aux structures les plus fragiles. [remarque Ternoise : faux monsieur, les structures les plus fragiles sont les travailleurs indépendants et vos protocoles d'intervention sont des protocoles d'exclusions à leur égard. Quant à l'éditeur Privat, propriété de la grande fortune Pierre Fabre, le classer parmi les structures fragiles relève du sophisme.]

Je vous prie de croire, Monsieur, à l'assurance de mes sentiments distingués. [remarque Ternoise : j'en doute !]

Signature
Joël NEYEN

[remarque Ternoise : chacun, en relisant ma lettre du 16 janvier et cette réponse peut conclure sur le degré de pertinence de l'argumentaire. Il me passe par la tête une phrase qui n'a sûrement aucun rapport : « *Vous venez avec vos questions, je viens avec mes réponses...* » et j'entends la voix de Georges Marchais...]

Seconde lettre

M. Malvy Martin, Président du Conseil Régional
CONSEIL REGIONAL MIDI-PYRENEES
22, boulevard du Maréchal-Juin
31406 Toulouse Cedex 9

Montcuq le 24 février 2013

Vos Réf : ----/AR/--- - --------

Monsieur le Président de la Région Midi-Pyrénées,

Vous avez considéré M. Joël NEYEN, directeur Général des Services, comme le plus apte à répondre à mon courrier du 16 janvier 2013. Il précise bien qu'il s'agit d'une réponse suite à votre demande. Je me permets donc de considérer que les réponses vous engagent. Peut-être êtes-vous mal conseillé, victime des notes d'un puissant lobby. Je sais bien que nul ne peut connaître l'ensemble des activités d'une société.

Donc, M. Martin Malvy, à l'approche du quinzième anniversaire de votre entrée à la présidence de notre région, le jour de vos 77 ans, vous ignorez toujours qu'il existe une profession libérale auteur-éditeur, ainsi déclarée à l'urssaf (N°SIREN ---------) et au service des impôts (déclaration contrôlée, BNC, avec même un numéro de TVA Intracommunautaire FR42---------).

Vous répondez pour justifier vos financements *"en faveur des opérateurs les plus exposés"* mais il est apocryphe de prétendre que vous intervenez pour soutenir les *"petites structures d'édition."* (l'auteur-éditeur étant la structure de base de l'édition indépendante)
Vous répondez pour justifier votre exclusion des aides de la publication à compte d'auteur. Ce qui n'est pas le sujet ! Qui plus est, vous devriez connaître ma position sur le sujet (affaire au TGI de Paris quand une société pratiquant le compte d'auteur m'y a assigné pour essayer de faire disparaître de mes sites mes analyses). Quant à "votre" salon du livre, il se caractérise par l'exclusion des auteurs indépendants.
Mais pas un mot sur la profession que j'exerce,

auteur-éditeur, en travailleur indépendant, profession libérale, qui constituait pourtant le cœur de mon questionnement dans ma lettre du 16 janvier 2013.

Pas un mot non plus sur les conditions de travail consécutives à l'absence de connexion Internet à une vitesse correcte dans les campagnes de la région (en un mot : alsatis).

Vous avez tort, monsieur Martin Malvy, de vous placer du côté des installés contre les écrivains indépendants. L'auto-édition est une vraie profession. J'en suis même l'un des symboles au niveau national, auteur du *"manifeste de l'auto-édition."* Madame Aurélie Filippetti, ès ministre de la Culture, écrivait d'ailleurs récemment « *l'auto-édition est riche de promesses.* » Mon combat pour sa reconnaissance passe donc par la dénonciation de votre position, de votre politique (j'ai bien noté l'absence de réponse du président du CRL, M. Michel Perez).

J'aimerais donc une vraie réponse, où vous n'assimileriez pas l'auto-édition (terme usuel pour la profession libérale auteur-éditeur) au compte d'auteur (défini par l'article L132-2 du CPI et régi par la convention, les usages et les dispositions des articles 1787 et suivants du code civil).
Je ne vois pas d'autre résumé à votre réponse que de considérer que vous avez assimilé une profession

libérale indépendante à la pratique du compte d'auteur, activité sur laquelle nous semblons d'accord pour conclure qu'elle ne peut pas mener à une professionnalisation mais dont la définition semble erronée chez vous.

Veuillez agréer, monsieur le Président de Région, mes très respectueuses considérations.

Stéphane Ternoise - http://www.ecrivain.pro

Cette lettre fut réceptionnée le 28 février 2013 par le secrétariat général Région Midi-Pyrénées.
M. Malvy Martin est bien né le 24 février 1936.
Comme moi, il n'est pas né dans le Lot. Lui, à Paris.

Aucune réponse au 5 juillet 2013.
En 2014, je ne me suis pas soucié de son énième anniversaire.

La réalité financière du livre numérique

Combien de centimes me reviennent sur un livre vendu 0 euro 99 ?

Lors des ventes sur Amazon (taux de tva à 3%) : 0,96 HT, moins 40% de marge (30% Amazon, 10% Immateriel), 38 centimes, soit 0,58 euro pour l'auteur-éditeur.
Les ventes sur un site français, avec une TVA de 5,5% (et 40% de marge distributeur-vendeur) laissent 0,56 euro pour l'auteur-éditeur.

Combien de centimes me reviennent sur un livre vendu 1 euro 99 ?

Lors des ventes sur Amazon et 40% de marge : 1,16 euro pour l'auteur-éditeur.
Les ventes sur un site français, avec une TVA de 5,5% laissent 1,13 euro pour l'auteur-éditeur. Quand la marge descend à 35% (par exemple sur le site du libraire distributeur Immatériel) : 1,23 euro pour l'auteur-éditeur.
Quant à la "vente directe", (www.autodiffusion.fr fonctionne très peu), elle nécessite un intermédiaire bancaire, paypal, qui ponctionne alors 32 centimes. Il reste alors 1,67 euro TTC soit 1,58 euro HT. Peu de centimes en plus par rapport à une vente chez Immatériel... mais quand même 28%. Ce qui "ne paye pas" le temps passé à envoyer. Mais il s'agit d'offrir une voie supplémentaire à la vente. Que

vous achetiez sur l'un de mes sites, sur Immateriel, Itunes, La Fnac ou Amazon, l'essentiel est bien l'achat !

Combien de centimes me reviennent sur un livre vendu 3 euros 99 ?

Lors des ventes sur Amazon : 2,32 euros pour l'auteur-éditeur. Les ventes sur un site français, avec une TVA de 5,5% : 2,27 euros avec 40% de remise ou 2,46 avec 35% de remise. En direct : 0,39 de frais paypal soit 3.60 reçus, 3,40 HT. Soit 38% en plus que pour une vente dans le circuit de distribution...

Plus le prix est élevé, plus la vente directe est intéressante. Ce qui n'est pas une surprise quand on est habitué à ce fonctionnement mais méritait d'être expliqué.

Amazoniens ?

Ne sommes-nous pas
Nous-mêmes
Indiens des plus rares

Si vous saisissiez "Ne sommes-nous pas Nous-mêmes Indiens des plus rares" début juillet 2013, sur google-je-classe-je-fiche-tout, vous auriez obtenu deux sites avec cette expression. Il semble que Gérard Manset veille à la non reproduction de ses textes ! Ou qu'alors l'album *"Revivre"* de 1991 ne constitue pas une cible particulière des copieurs colleurs pilleurs de paroles.

Comment, vous avez osé puiser ce vers dans une chanson !
Parfaitement ! Dans *"Tristes tropiques"*, titre que mon glorieux aîné (ils sont rares à la sacem !) était également allé chercher ailleurs ! Chez Claude Lévi-Strauss, l'ethnologue qui m'avait ému en déclarant *"je m'apprête à quitter un monde que je n'aime pas..."*, peu avant ses cents ans.

Le premier couplet contenait un vers avec lequel j'ai hésité pour un livre sur la campagne lotoise en voie de destruction.

« *Ne sommes-nous pas*
Nous-mêmes
Peuples opprimés ? »

149

Ne sommes-nous pas tous des amazoniens ?

Depuis la renommée mondiale de la société de Seattle, le terme peut prêter à confusion. Pourtant, pour un écrivain vraiment indépendant de la campagne lotoise les deux idées se complètent...
Un écrivain en France, soit accepte le rôle de subalterne dans la chaîne du livre (parfois récompensé d'un prix Goncourt, de médailles, bourses, résidences, bons repas...), soit considère Amazon, Apple, Kobo comme des chances historiques.
Face à ces amazoniens, Aurélie Filippetti veille aux intérêts de son éditeur, donc des installés.

Lotoises, lotois, écrivaines, écrivains, comme les indiens d'Amazonie, nous devons résister. Mais aucun espoir à placer chez nos politiques estampillés du logo gauche.
Un citoyen lotois voit l'eau municipale passer à la Saur, le conseil général et le conseil régional travailler main dans la main pour transformer nos campagnes en parcs à touristes, de résidences secondaires et gîtes ruraux mais sans connexion Internet correcte afin d'éviter l'arrivée de travailleurs indépendants qui pourraient ne plus suivre les consignes de vote de la *Dépêche du Midi*... (opinion scandaleuse mais qui ne risque pas de m'exclure des pages du seul quotidien disponible)

Naturellement, un tel document ne pourrait être

publié chez *Privat*, éditeur de Toulouse, éditeur de Messieurs Martin Malvy et François Hollande, propriété du groupe Pierre Fabre, les laboratoires qui furent sponsors du rugby à Villeneuve-sur-Lot aux grandes heures de Jérôme Cahuzac, groupe également au capital de la *Dépêche du Midi*, tout en contrôlant *Valeurs actuelles*, considéré comme un hebdomadaire très droitier, précédemment détenu par Serge Dassault.

Un monde disparaît toujours dans l'indifférence. Avant de susciter des nostalgies.

Un livre intitulé **Amazoniens ?** *Ne sommes-nous pas Nous-mêmes Indiens des plus rares* fut publié quelques heures après *auto-édition, j'écris ton nom*. Avec même un échange avec Dominique Orliac ! Et http://www.amazoniens.com

Quelques phrases jugées essentielles par l'auteur... elles figurent ainsi page http://www.autoedition.pro/autoedition5.html

Le champ du possible s'est ouvert avec le numérique pour l'auto-édition, donc pour les écrivains.

L'auto-édition, c'est la possibilité de la liberté pour l'écrivain, contre laquelle les industriels naturellement se battent.

Quand on lui demande de l'argent, un écrivain devrait toujours se méfier... mais... il a envie de croire qu'enfin c'est son jour de chance...

Nous essayons de mettre en place une économie saine du livre numérique. Où la qualité serait visible. Donc nous devons rester vigilants à toute dérive.

Devrais-je, comme tant d'autres qui partagent mes analyses mais préfèrent le taire publiquement, mettre de côté un certain idéalisme et "profiter du système" ?

La librairie, le lieu unique ? Le lieu inique où seuls sont disponibles les livres des inféodés aux grands distributeurs. Censure en douceur.

« Il faut bien semer, même après une mauvaise moisson » écrit Sénèque dans sa quatre-vingt-unième lettre à Lucilius.

Kader Terns avait raison dès son premier message : « Tu sais écrire mais tu ne sais pas te vendre. » Quel livre me permettra d'obtenir une visibilité indispensable et suffisante ? Une vue à court terme m'aurait convaincu de me soumettre à l'édition traditionnelle... si la liberté était un mot vide...

« Tout dépend de la maison d'édition dans laquelle vous êtes édité, et du travail fait en amont par les attachés de presse auprès des journalistes et des jurés littéraires. » (Alain Beuve-Méry)

Un jour, il y aura un déclic ! Un jour cette indépendance sera mise en valeur... quand je serai parvenu à être suffisamment voyant qu'ils [les journalistes] ne pourront plus faire semblant de ne pas me voir.

Nous sommes une minorité. C'est celle-là, lectrices, lecteurs, qui doit vous intéresser. Séparez le bon grain des livres à vomir.

J'ai des difficultés à ne pas sourire quand je lis « mon éditeur : lulu »... Quand même, dans la littérature, les mots ont un sens... Tu vas où, chez lulu...

Il suffit d'imposer des contraintes économiques pour exclure, inutile de censurer. [distribution des livres en papier ; indépendants absents des librairies]

« L'écrivain ne naît qu'au travers du regard de l'éditeur », on croirait lire une dinde en campagne pour la présidence du SNE. Mais il s'agit de propos de notre ministre !

Aucune pétition d'indignation d'auteurs chez Plon suite à la publication le 27 juin 2013 d'un livre de Bernard Tapie.

Du pulp ? De la pulpe de littérature alors que le vrai jus est ailleurs ? Un livre qui prend les lecteurs pour des idiots ?

Nous construisons tous notre petite prison, avec de petites lâchetés, des facilités, de l'aquabonisme, une crainte du futur (comme s'il nous appartenait !)
Internet est tombé entre les mains des grands hypnotiseurs qui en font leur beurre et fortifient leur prédominance.

Il suffit de réunir des notables qui pensent à peu près la même chose pour prétendre s'être appuyé sur des experts et ainsi marginaliser les gens qui osent ne pas penser comme le chef.

[Autrement :] Il suffit de réunir des gens qui ont les mêmes intérêts, d'ignorer les autres, pour prétendre s'être concerté.

Que vous achetiez sur l'un de mes sites, sur Immateriel, Itunes, La Fnac ou Amazon, l'essentiel est bien l'achat !

Commissions et consultations, c'est ainsi qu'on noie le poisson, passe discrètement ce que l'on souhaite imposer.

« Cette gauche des nantis qui tient les médias et l'édition. A cette gauche qui prétend savoir ce que c'est que la littérature, puisque la littérature, c'est forcément elle ! »

[Si je pose la question : qui a écrit "cette gauche des nantis qui tient les médias et l'édition" sur Twitter, qui répondra, réagira... ce sera fait...]
L'éditeur d'Aurélie Filippetti, Jean-Marc Roberts, interview publiée le 8 mars 2013, soit 17 jours avant la mort du patron de Stock (groupe Lagardère).

« Il n'est pas très fier de la manière dont, chaque automne, il magouille pour que ses auteurs obtiennent des prix »
Jérôme Garcin résumant le livre "François-Marie" de Jean-Marc Roberts, publié le 6 mai 2011 chez Gallimard.

Mon obstination finira par être remarquée ? Oui, il faut être remarqué pour être lu !

Le sixième roman

Un Amour béton

Egalement publié sous le titre

Le roman de la Révolution Numérique

Sous le titre « *le sixième roman* », un long extrait gratuit de « *un Amour béton* » essaye d'obtenir un peu de visibilité sur Amazon, Itunes, La Fnac, Samsung Readers, Cultura, Chapitre, Kobo, Bookeen, iBookstore...

Ce roman perpétue mon engagement d'indépendance et comme les précédents n'a pas bénéficié du soutien des grands médias. Comme le déclara Alain Beuve-Méry, le petit-fils du fondateur du *Monde* où il couvre l'édition. « *Tout dépend de la maison d'édition dans laquelle vous êtes édité, et du travail fait en amont par les attachés de presse auprès des journalistes et des jurés littéraires.* » Dans ce même quotidien influent, Baptiste-Marrey écrivait « *les grands groupes publient, distribuent, vendent et font commenter favorablement les titres qu'ils produisent.* »

Vous proposer en lecture gratuite une grande partie

du roman, c'est essayer d'obtenir un peu de visibilité. Être éditeur indépendant en France, en 2013, reste très difficile. Les politiques (d'Aurélie Filippetti à Martin Malvy en passant par les autres) soutiennent les installés.

"*Un Amour béton*" : en acceptant le rôle peu glorieux du nègre de Kader Terns, le « *météorite du livre numérique, disparu dans d'affreuses circonstances* », je ne pouvais imaginer entrer dans la partie la plus mouvementée de ma vie...

Contrairement aux affirmations de leur inféodée devenue Ministre de la Culture, les éditeurs ne font pas la littérature mais du commerce. Avec le soutien des politiques (qu'ils éditent) et d'écrivains bien nourris, ils ont installé un système où tout indépendant est invisible. La révolution numérique constitue une possibilité historique de briser notre exploitation. L'indépendance est possible, elle est combattue...

Présentation

Kader Terns, le « *météorite du livre numérique, disparu dans d'affreuses circonstances.* » Un journaliste lotois osa même « *en découvrant un paradis insoupçonné, le charme sauvage et pittoresque de nos coteaux du Quercy, l'inclassable auteur du 9-3 ignorait les dangers du béton, qui guettent tout néo-rural souhaitant restaurer l'une de nos belles demeures abandonnées.* »

Vos médias s'en délecteront bientôt : Kader fut broyé, son assassin présumé s'est suicidé, sa complice potentielle clame son innocence derrière les barreaux et moi, qui devais tenir le rôle peu glorieux du nègre de l'autobiographie du « jeune et talentueux écrivain choc de l'année 2011 », j'hésite à la croire tout en redoutant de rapidement me retrouver soupçonné...

Dois-je laisser "éclater l'affaire" ou puis-je raconter comme j'en avais l'intention quand la version de l'accident me sembla aussi stupide qu'évidente ?

Mais tout ceci, c'était avant. Avant que tout s'accélère et m'aspire dans le tourbillon...

Le sujet

Un roman policier, un roman d'amour, ce « *un Amour béton* » ?

Certes une intrigue policière, des morts, des meurtres, de la vengeance, des femmes, des hommes, des couples, des amants, des trahisons, Aubervilliers, le Quercy. Mais il s'agit d'un « véritable roman littéraire », bien plus exigeant que les textes habituellement classés en « romans policiers », qui plus est depuis la déferlante numérique...

Donc un roman susceptible d'intéresser un large public ou rester invisible faute de réel ancrage dans un genre précis ! Mon sixième roman, ès qualité d'écrivain toujours inconnu du grand public, indépendant par convictions depuis 1991.

Quatre ans après *"ils ne sont pas intervenus"*, repéré en numérique sous le titre *"peut-être un roman autobiographique."*

Vie, gloire et disparition d'un OVNI de la littérature française, Kader Terns.

Il faut l'oser, le terme "littérature", dans son cas. Mais il fut tellement employé ! Littérature numérique, postmoderne, brute, d'après le roman, de banlieue, de tablettes, décomposée, rappée, bloguée, néo-impressionniste, irrésumable, dans toute sa cruauté...

Après son "incroyable succès", le petit caïd du 9-3 était descendu dans le Lot pour m'y rencontrer. Je devais rédiger ses mémoires, statut peu glorieux du nègre. Il faut bien bouffer ! Surtout quand on vit avec une femme qui se croit obligée d'envoyer cinq cents euros par mois à Djibouti. *"Comment je avoir été meilleure vente Amazon Kindle"*, il tenait absolument à ce titre.

Ni lui ni moi, lors de cet entretien banal et bâclé, n'aurions pu imaginer que nos vieilles pierres, nos sentiers et notre calme s'incrustaient en lui au point qu'il revienne y restaurer une ruine. Nadège, il l'avait piégée, elle l'a suivi...

Je n'ai rien d'un enquêteur et c'est uniquement par sentiment de vengeance (peu honorable, oui, d'accord...) si j'ai cherché une sombre histoire derrière un stupide accident.

Nadège et le fils de Carlo ont avoué. Quand débutera le "grand procès", les médias se jetteront sur l'affaire, qu'ils ignorent totalement. Pauvre Kader, déjà oublié, forcément remplacé. *"Il a suscité de nombreuses vocations..."* C'est tellement inattendu, insoupçonnable. Pas une fuite, même dans leur *Dépêche du Midi*. Eu égard à mon décisif apport, l'inspecteur se croit tenu de m'informer, naturellement en off. Peut-être uniquement car sa résidence secondaire n'est qu'à douze kilomètres. Si je laissais tranquillement faire, j'aurais sûrement droit à une légion d'honneur, avec au moins Christiane Taubira à Montcuq, peut-être même François Hollande. L'état, même socialiste, a besoin de héros ! Surtout dans le sud-ouest ! Ils sont tous tellement impressionnés par mon sens de la justice... je n'allais quand même pas leur raconter comment Carlo a bousillé mes dernières illusions d'Amour en 2010...

Machine judiciaire et univers médiatique m'en voudront sûrement de les devancer, en balançant les clés qu'ils auraient pris tellement de plaisir à dévoiler au compte-gouttes. Je suis écrivain. Qui plus est j'ai besoin d'écrire, après deux années de blocages, en lecture comme écriture. J'ai besoin de publier, faute d'une bourse d'écriture de la région. À chacun son boulot, son exutoire, son combat. Je suis sûrement plus doué pour raconter ma vie que pour la vivre... Un Amour béton... Lequel ? Amina et moi ? Nadège et Kader ? 19 jours Nadège et moi avons également pensé posséder la formule magique...

Enfin, c'est ce que j'ai cru, à un moment, encore récemment, quand ce récit était quasiment achevé. Mais tout va si vite, parfois.

Il faudrait tout raturer ? Tout réécrire à chaque fois que la vie rééclaire le passé ? Comme les autres, je me suis laissé emporter...

Stéphane Ternoise
http://www.romancier.org

La charte de qualité de l'auteur indépendant

Il n'est même pas besoin d'exhiber quelques textes inutiles auto-édités pour dénigrer l'auto-édition, pratique accusée de mettre sur le marché les pires médiocrités agrémentées des fautes les plus élémentaires d'orthographe ou grammaire, parfois même avec un style d'élève en difficulté du CM1.

Il s'avère néanmoins sûrement exact que les livres vraiment auto-édités dans une démarche professionnelle (mon exclusion de "l'auto-édition réelle" des auteurs qui ne respectent pas un minimum la littérature a toujours dérangé les prétendues belles âmes du secteur pour qui « tout est littérature ») contiennent en moyenne plus de fautes que les livres des éditeurs "traditionnels".

Il ne s'agit pas forcément d'une question de qualité des auteurs mais de moyens. Même le passage par les correcteurs et correctrices professionnels ne permet pas de présenter des œuvres sans erreurs, qu'avant on appelait d'imprimerie. Mais depuis que l'imprimeur reprend un document PDF pour lancer l'impression, les éditeurs qui utilisent encore cet argument semblent miser sur la méconnaissance du grand public.

Monsieur Antoine Gallimard n'a pourtant pas de leçons de qualité à nous donner : la communauté des pirates du livre numérique s'était amusée à corriger l'ebook d'Alexi Jenni, *l'art français de la guerre*, prix Goncourt 2011. Après l'hypothèse de l'utilisation du document PDF imprimeur, mouliné par un logiciel de reconnaissance graphique pour fabriquer la version numérique, des lecteurs de la version papier ont informé le web que ces coquilles se trouvaient également dans leur épais bouquin. La faculté de corriger rapidement sur l'ensemble du circuit de distribution un ebook constitue un avantage dont la portée ne semble guère avoir été analysée. Dans cette optique, j'ai décidé de récompenser les lectrices et lecteurs qui ne se contentent pas d'une moue de déception face aux erreurs mais les communiquent, en leur offrant un livre de leur choix du catalogue, trois formats disponibles (epub, pdf, amazon). Pas de papier offert ! Seule restriction, pour une question de taille des fichiers et vitesse de connexion à Internet d'un écrivain vivant à la campagne, ne pourront être envoyés que des ebooks dont la taille n'excédera pas cinq mégas, ce qui exclut les livres de photos (sauf ceux dont le PDF reste juste en dessous de la limite possible).

Naturellement, il ne vous faut pas réclamer ce livre ni envoyer les fautes constatées (réelles ! et non les choix comme mettre au pluriel un terme habituellement invariable ou reprendre une lettre d'un personnage dont les fautes d'orthographe constituent justement une caractéristique, ou même une libre violation des temps conseillés de conjugaison !) sur la plateforme d'achat mais à la page contact de www.ecrivain.pro en spécifiant le livre de votre choix, qui vous sera envoyé par mail après vérification des informations transmises.

Fautes réelles découvertes : un livre offert, l'engagement qualité de l'auto-édition.

Cette offre s'étend à l'ensemble de mon catalogue.

Stéphane Ternoise

À 25 ans, Stéphane Ternoise a quitté le confortable statut de cadre en informatique (qui plus est dans le douillet secteur des assurances), pour se confronter à son époque, essayer de vivre de sa plume en toute indépendance. Il redoutait de finir pantin d'un grand groupe où même les maisons historiques peuvent se retrouver avec Jean-Marie Messier ou Arnaud Lagardère comme grand patron.

Stéphane Ternoise est auteur-éditeur depuis 1991, devenu spécialiste de l'auto-édition professionnelle en France. Il créa « logiquement » http://www.auto-edition.com en l'an 2000, une activité alors quasi absente du web !

Son éclairage sur l'univers de l'édition française a rapidement suscité quelques difficultés, dont une assignation au Tribunal de Grande Instance de Paris, en juin 2007, par une société pratiquant le compte d'auteur, finalement déboutée en septembre 2009.

Dans un relatif anonymat, avant la Révolution Numérique, l'auteur lotois a néanmoins réussi à publier 14 livres en papier, à continuer en vivant de peu. Depuis 2005, ses livres étaient également en vente, marginale, en version numérique. Il s'agissait d'abord de simples PDF.

L'auteur-éditeur a consacré l'année 2011 à la réalisation de son catalogue numérique, publiant ainsi ses pièces de théâtre, sketchs et textes de chansons en plus des romans, essais et recueils adaptés aux formats epub et Mobipocket Kindle...

La multiplication des questions et l'information approximative balancée sur de nombreux blogs par de néo-spécialistes de l'auto-édition autopublication, l'ont décidé à écrire sur cette révolution de l'ebook. Le guide l'auto-édition numérique est ainsi devenu son web best-seller !

Depuis octobre 2013, et son « identifiant fiscal aux États-Unis », son catalogue papier tend à rattraper celui en pixels.

Il convient donc de nouveau d'aborder l'auteur sous le biais de l'œuvre. Ainsi, pour vous y retrouver, http://www.ecrivain.pro essaye de fournir une vue globale. Et chaque domaine bénéficie de sites au nom approprié :

http://www.romancier.org
http://www.parolier.org

http://www.essayiste.net

http://www.dramaturge.fr
http://www.lotois.fr

Vous pouvez légitimement vous demander pourquoi un auteur avec un tel catalogue ne bénéficie d'aucune visibilité dans les médias traditionnels. L'écriture est une chose, se faire des amis utiles une autre !

Catalogue

Romans : (http://www.romancier.org)
Le Roman de la révolution numérique également sous le titre
Un Amour béton
Ils ne sont pas intervenus (le livre des conséquences)
également sous le titre *Peut-être un roman autobiographique*
La Faute à Souchon ? également sous le titre *Le roman du show-biz et de la sagesse (Même les dolmens se brisent)*
Liberté, j'ignorais tant de Toi également sous le titre *Libertés d'avant l'an 2000*
Viré, viré, viré, même viré du Rmi
Quand les familles sans toit sont entrées dans les maisons fermées

Edition (http://www.auto-edition.com)
Le guide de l'auto-édition, papier et numérique
Le manifeste de l'auto-édition - Manifeste politico-littéraire pour la reconnaissance des écrivains indépendants et une saine concurrence entre les différentes formes d'édition
Écrivains, réveillez-vous ! *- La loi 2012-287 du 1er mars 2012 et autres somnifères*
Le livre numérique, fils de l'auto-édition
Réponses à monsieur Frédéric Beigbeder au sujet du Livre Numérique (Écrivains= moutons tondus ?)
Comment devenir écrivain ? Être écrivain ? (Écrire est-ce un vrai métier ? Une vocation ? Quelle formation ?...)
Copie privée, droit de prêt en bibliothèque : vous payez, nous ne touchons pas un centime - Quand la France organise la marginalisation des écrivains indépendants
Alertez Jack-Alain Léger !

Théâtre : (http://www.dramaturge.fr)
La baguette magique et les philosophes

Neuf femmes et la star
Avant les élections présidentielles
Les secrets de maître Pierre, notaire de campagne
Deux sœurs et un contrôle fiscal
Ça magouille aux assurances
Pourquoi est-il venu ?
Amour, sud et chansons
Blaise Pascal serait webmaster
Aventures d'écrivains régionaux
Trois femmes et un amour
Chanteur, écrivain : même cirque
« Révélations » sur « les apparitions d'Astaffort » Brel / Cabrel (les secrets de la grotte Mariette)
J'avais 25 ans

Pour troupes d'enfants :
Les filles en profitent
Révélations sur la disparition du père Noël
Le lion l'autruche et le renard
Mertilou prépare l'été
Nous n'irons plus au restaurant
Recueils :
Théâtre peut-être complet
La fille aux 200 doudous et autres pièces de théâtre pour enfants
Théâtre pour femmes

Chansons : (http://www.parolier.info)
Chansons trop éloignées des normes industrielles
Chansons vertes et autres textes engagés
Parodies de chansons - De Renaud à Cabrel En passant par Cloclo et Jacques Brel
Chansons d'avant l'an 2000
Vivre Autrement (après les ruines), l'album invisible...

Photos : (http://www.france.wf)
Cahors, 42 inscriptions aux Monuments Historiques
La disparition d'un canton : Montcuq
Montcuq, le village lotois
Cahors, des pierres et des hommes. Photos et commentaires
Limogne-en-Quercy Calvignac la route des dolmens et gariottes
Saint-Cirq-Lapopie, le plus beau village de France ?
Saillac village du Lot
Limogne-en-Quercy cinq monuments historiques cinq dolmens
Beauregard, Dolmens Gariottes Château de Marsa et autres merveilles lotoises
Villeneuve-sur-Lot, des monuments historiques, un salon du livre... -Photos, histoires et opinions
Henri Martin du musée Henri-Martin de Cahors - Avec visite de Labastide-du-Vert et Saint-Cirq-Lapopie sur les traces du peintre
L'église romane de Rouillac à Montcuq et sa voisine oubliée, à découvrir - Les fresques de Rouillac, Touffailles et Saint-Félix
Cajarc selon Ternoise

Livres d'artiste (http://www.quercy.pro)
Quercy : l'harmonie du hasard
Lot, livre d'art
Montcuq, livre d'art
Quercy Blanc, livre d'art
Montaigu de Quercy, livre d'art
Quercy : l'harmonie du hasard
La beauté des éoliennes
Golfech, c'est beau un village prospère à l'ombre d'une centrale nucléaire
Jésus, du Quercy

169

Essais (http://www.essayiste.net)
Ya basta Aurélie Filippetti !
Amour - état du sentiment et perspectives
Contrairement à Gérard Depardieu, dois-je quitter la France ?
Cahors, municipales 2014 : un enjeu départemental majeur
Quand Martin Malvy publie un livre : questions de déontologie

Politique : (http://www.commentaire.info)
Ce François Hollande qui peut encore gagner le 6 mai 2012 ne le mérite pas
Nicolas Sarkozy : sketchs et Parodies de chansons
Bernadette et Jacques Chirac vus du Lot - Chansons théâtre textes lotois
Affaire Ségolène Royal - Olivier Falorni Ce qu'il faut en retenir pour l'Histoire - Un écrivain engagé, un observateur indépendant
François Fillon, persuadé qu'il aurait battu François Hollande en 2012, qu'il le battra en 2017

Notre vie (http://www.morts.info)
La trahison des morts : les concessions à perpétuité discrètement récupérées - Cahors, à l'ombre des remparts médiévaux, les vieux morts doivent laisser la place aux jeunes...
Cahors : Adèle et Marie Borie contre Jean-Marc Vayssouze-Faure - Appel à une mobilisation locale et nationale pour sauver les soeurs Borie...

Jeux de société
http://www.lejeudespistescyclables.com
La France des pistes cyclables - Fabriquer un jeu de société pour enfants de 8 à 108 ans
Le bon chemin pour Saint-Jacques-de-Compostelle

Divers :
La disparition du père Noël et autres contes
J'écris aussi des sketchs
Vive les poules municipales... et les poulets municipaux -
Réduire le volume des déchets alimentaires et manger des oeufs
de qualité
Le Martyr et Saint du 11 septembre : Jean-Gabriel Perboyre

En chti : (http://www.chti.es)
Canchons et cafougnettes (Ternoise chti)
Elle tiote aux deux chints doudous (théâtre)

Œuvres traduites (http://www.traducteurs.net)
La fille aux 200 doudous :
- *The Teddy (Bear) Whisperer* (Kate-Marie Glover)
- Das Mädchen mit den 200 Schmusetieren (Jeanne Meurtin)

- Le lion l'autruche et le renard :
- How the fox got his cunning (Kate-Marie Glover)

- Mertilou prépare l'été :
- The Blackbird's Secret (Kate-Marie Glover)

- *La fille aux 200 doudous et autres pièces de théâtre pour enfants (les 6 pièces)*
- La niña de los 200 peluches y otras obras de teatro para niños (María del Carmen Pulido Cortijo)

Chansons - Cds :
(http://www.chansons.org)
Vivre Autrement (après les ruines)
Savoirs
CD Sarkozy selon Ternoise (parodies de chansons, 2006)

Table

Imprimé par CreateSpace, An Amazon.com Company pour le compte de l'auteur-éditeur indépendant.
livrepapier.com

ISBN 978-2-36541-615-3
EAN 9782365416153

Auto-édition, j'écris ton nom de Stéphane Ternoise
© Jean-Luc PETIT - BP 17 - 46800 Montcuq - France